Hans von Rimscha

Katharina II.

PERSÖNLICHKEIT UND GESCHICHTE

Band 24

MUSTERSCHMIDT GÖTTINGEN

ZÜRICH · FRANKFURT

Hans von Rimscha

KATHARINA II.

Von der preußischen Generalstochter zur Kaiserin von Rußland

MUSTERSCHMIDT GÖTTINGEN
ZÜRICH · FRANKFURT

PERSÖNLICHKEIT UND GESCHICHTE

Biographische Reihe im Musterschmidt-Verlag
Herausgegeben von Prof. Dr. Günther Franz und
Prof. Dr. Gustav Adolf Rein

Dr. Hans von Rimscha,

Professor i. R. für osteuropäische Geschichte an der Universität Erlangen. Geboren 1899 in Riga. Bis zum Ausbruch des Zweiten Weltkrieges in Riga als Privatdozent und politischer Publizist tätig. 1939 im Zuge der Umsiedlung der Deutschen aus dem Baltikum nach Deutschland gekommen, aber von den Nationalsozialisten beruflich nicht zugelassen. Seit seiner Lehrtätigkeit in Erlangen (ab 1947) vorwiegend mit baltischer und russischer Geschichte, besonders der neuesten Zeit, befaßt. Verfasser u. a. von „Geschichte Rußlands", Wissenschaftliche Buchgesellschaft, 4. Aufl. 1975.

CIP-Kurztitelaufnahme der Deutschen Bibliothek

Rimscha, Hans von

Katharina II. (die Zweite) · von d. preuß. Generalstochter zur Kaiserin von Rußland. — Göttingen, Berlin, Frankfurt (Main) · Musterschmidt, 1977.
(Persönlichkeit und Geschichte; Bd. 24)
ISBN 3-7881-0024-9

MUSTERSCHMIDT-VERLAG · Göttingen · Frankfurt

Gesamtherstellung: „Muster-Schmidt" KG., Göttingen

Umschlagbild: Nach einem Stich von James Walker.
Histor. Bildarchiv Lolo Handke, Bad Berneck.

Inhalt

Vorwort

Katharina II. ist von Zeitgenossen und Nachfahren sehr unterschiedlich beurteilt worden. Man hat sie leidenschaftlich geliebt und hat sie abgründig gehaßt. Man hat sie bis zur Gotteslästerung gepriesen und hat sie als wahre Teufelin verflucht. In der kaiserlich-russischen Zeit wurde ihr das große Verdienst zugeschrieben, dem von Peter dem Großen neugeschaffenen Körper des Russischen Reichs erst die Seele eingehaucht zu haben. Die sowjetische Historiographie sieht in ihr die Hauptschuldige am sozialen Elend des russischen Volkes und an dessen katastrophalen Folgen, und die betont antibolschewistische russische Geschichtsschreibung hat sie als Vorläuferin des Bolschewismus und als die Schuldige an der verhängnisreichen „Verfremdung" in der Entwicklung Rußlands und an der endgültigen, bewußten und gewollten Abkehr von den echten und gesunden russischen Geschichtstraditionen verdammt.

Wie man sie und ihr Werk auch beurteilen mag, unbestreitbar ist ihre geschichtliche Wichtigkeit. Das dankt sie nicht allein ihrer Regierungstätigkeit, sondern in hohem Grade der Wirkungskraft ihrer Persönlichkeit oder vielleicht richtiger der Meisterschaft, mit der sie ihre Person in Rußland und weit über die Grenzen Rußlands hinaus zur Geltung und Wirkung zu bringen verstand. Ihre geschichtliche Bedeutung ist ohne Zweifel sehr groß, und in Rußland hat man noch im Laufe eines ganzen Jahrhunderts nach ihrem Tode in der europäisierten Oberschicht gemeint, die eigene nationale und persönliche Existenz in erster Linie ihr zu danken. Wieweit ihr deshalb auch geschichtliche Größe zuzusprechen ist, das ist eine andere Frage. Der ehrende Titel „die Große“ ist ihr bereits zu ihren Lebzeiten, schon sehr bald nach ihrer Thronbesteigung gleichsam als Vorschuß bereitwillig beigelegt und später auch offiziell verliehen worden. Aber vor dem rückblickenden Urteil historischer Kritik hat er nicht bestanden. Unter den Fachhistorikern sind es nur noch wenige, hauptsächlich Engländer, aber bezeichnenderweise keine Russen, die daran festhalten.

Das Leben Katharinas ist in zwei gleich große Abschnitte einzuteilen. Genau in der Mitte ihres Lebens, in ihrem vierunddreißigsten Lebensjahr bestieg sie den Thron. Wollte man eine Geschichte ihrer Zeit schreiben, so müßte man sich so gut wie ausschließlich mit der zweiten Hälfte ihres Lebens befassen. Für eine Biographie erscheint dagegen die erste Hälfte, die Zeit der Bildung und Entfaltung ihrer Persönlichkeit nicht weniger wichtig. Offenbar war sie selbst dieser Ansicht.

Seit ihrem fünfundzwanzigsten Lebensjahr hat Katharina sich immer wieder, im ganzen neunmal, daran gemacht, ihre Memoiren zu schreiben und sich über sich selbst Rechenschaft zu geben. Bezeichnenderweise hat sie sich dabei immer von neuem, auch noch im dreißigsten Jahr ihrer Regierung, als vierundsechzigjährige Kaiserin, in stets neuen Fassungen mit der ersten Hälfte ihres Lebens befaßt. Ihre Wirksamkeit als selbstherrschende Kaiserin, die, wie man meinen müßte, in erster Linie Gegenstand ihrer Erinnerungen hätte sein sollen, interessierte sie dabei weit weniger als ihr persönlicher Entwicklungsgang. In einer biographischen Schrift wird das entsprechend zu berücksichtigen sein.

Die preußische Generalstochter fürstlichen Geblüts

Bis zu ihrem fünfzehnten Lebensjahr hieß sie Sophie Friederike Auguste und wurde als Kind von ihren Eltern und Jugendgespielen Fieke oder Fiekchen genannt. Sie war die Tochter eines kleinen deutschen Fürsten, Christian August von Anhalt-Zerbst-Dornburg, der sich mit der Mitregentschaft und später mit der Regentschaft seines winzigen Landes nicht begnügte und in preußischen Militärdiensten stand. Er hatte schnell Karriere gemacht und war bereits mit einundvierzig Jahren General geworden. Als solcher wurde er im Jahre 1721 Kommandant der erst ein Jahr vorher von den Schweden an Preußen abgetretenen Festung Stettin und Gouverneur der Stadt.

Seine Tochter, die mit scharfen und oft abfälligen Urteilen über die Menschen ihrer Umgebung nicht sparte, hat ihm ein gutes Andenken bewahrt. „Nie hat jemand höhere Achtung verdient als er“, schrieb sie in ihren Memoiren. „Ich habe niemals einen in Grundsätzen und Taten ehrenhafteren Mann gekannt.“

Christian August hatte im Jahre 1727 im Alter von 37 Jahren die erst fünfzehnjährige Prinzessin Johanna Elisabeth von Holstein-Gottorp geheiratet. Am 1. Mai (nach russischem Stil 21. April) 1729 wurde ihm in Stettin von seiner jungen Frau seine älteste Tochter Sophie geboren.

Das Mädchen wuchs in Stettin als die Tochter des Stadtkommandanten in bürgerlichen Verhältnissen auf. Niemand nannte sie Prinzessin. Ihre Spielgefährten im Stadtgarten und auf den Straßen waren die Kinder anderer Offiziere und der Bürger der Stadt. Aber ihr fürstlicher Rang blieb ihr natürlich, und darin lag ihre Chance: sie war den regierenden Fürsten ebenbürtig. Daß in eben dieser Chance ihre Zukunft lag, dessen war sich in erster Linie ihre Mutter bewußt. Natürlich kamen als Ehekandidaten vor allem andere kleine deutsche Prinzen in Frage, aber durch ihre zahlreiche Verwandtschaft hatte sie auch Verbindung zu ausländischen Höfen. Entschlossen, diese Verbindungen zu nutzen, und getrieben von ihrem unruhigen Geist, immer darauf aus, möglichst viele einflußreiche Menschen kennenzulernen und wenn irgend möglich selbst eine Rolle zu spielen, begab sich die Fürstin von Zerbst mit ihrer Tochter fortgesetzt auf Verwandtenbesuche. So stand die Prinzessin Sophie schon von früher Jugend an mehr im Zeichen des holsteinischen Hauses als in dem der väterlichen Familie.

Ein Vetter ihrer Mutter, Herzog Karl Friedrich von Holstein, war durch seine schwedische Mutter Prätendent auf den schwedischen Thron; durch seine russische Gattin, Anna Petrowna, war er der Schwiegersohn Peters des Großen und hatte auch Ansprüche auf den russischen Thron (vgl. Stammtafel). Nach seinem frühen Tode (1739) ging die Prätendentschaft auf beide Throne auf seinen damals elfjährigen Sohn über, der nach dem großen schwedischen König Karl und nach dem großen russischen Kaiser Peter hieß. Diesen Vetter zweiten Grades Karl Peter lernte die Prinzessin Sophie im Todesjahr seines Vaters auf einem Familientreffen der Holsteiner kennen. Wie sie später berichtete, fiel dem zehnjährigen Mädchen auf, daß „die versammelten Verwandten davon sprachen, daß der junge Herzog Neigung zum Trunke habe, daß er eigensinnig und heftig sei und seine Umgebung nicht liebe".

Wichtiger als diese Begegnung der Kinder war, daß über die Holsteiner die Beziehungen zur großen Welt sich weiter intensivierten. Auch der älteste Bruder der Fürstin von Zerbst, Karl, sollte Schwiegersohn Peters des Großen werden; er hatte sich 1726 mit dessen siebzehnjähriger Tochter Elisabeth verlobt, war aber unmittelbar darauf gestorben. Die vereinsamte Braut hatte damals gelobt, ihrem Verlobten die Treue zu halten und sich nicht mehr zu vermählen. Sie hat sich formell an diesen Schwur gehalten, unformell aber später den Grafen Rasumowskij geheiratet. Die den Holsteinern versprochene Treue hat sie aber, auch nachdem sie 1741 in Petersburg den Thron bestiegen hatte, gewahrt. Die nunmehrige Kaiserin Elisabeth setzte es durch, daß ein Bruder der Fürstin von Zerbst, Adolf Friedrich, die schwedische Erbfolge antrat und designierte ihren Neffen Karl Peter von Holstein-Gottorp zum Erben der russischen Krone.

Nun begann die rührige Fürstin von Zerbst die Verheiratung ihrer Tochter Sophie mit dem russischen Thronfolger zu betreiben, der sich seit 1742 unter dem Namen Pjotr Feodorowitsch bereits in Petersburg befand. Da die Verheiratung des künftigen Trägers der russischen Krone natürlich eine politische Angelegenheit war, nahm sich auch die Diplomatie ihrer an. Die Petersburger Gesandten der daran interessierten Höfe — der französische, der englische, der sächsische und der preußische — hatten ihre Finger im Spiel, nicht zuletzt auch der Oberhofmarschall des Thronfolgers, Brümmer, ein seinem Herrscherhause ergebener Holsteiner. Die größten Aussichten hatte eine sächsische Prinzessin, um so mehr als sie vom sehr einflußreichen russischen Vizekanzler Bestushew-Rjumin protegiert wurde. Aber eben deshalb und um die Pläne des österreichisch orientierten Vizekanzlers zu durchkreuzen, mischte sich auch der König von Preußen, Friedrich II., in die Angelegenheit ein und zwar zugunsten der Tochter seines Generals, den er mit einem Seitenblick auf Petersburg zum Feldmarschall beförderte.

Später, als die ehemalige preußische Generalstochter als Katharina II. längst auf dem russischen Throne saß und sich der Bewunderung der Welt erfreute, hat Friedrich der Große (in seiner histoire de mon temps) behauptet, daß die russische Kaiserin „élevée et nourrie dans les terres prussiennes“ ihm, Friedrich, ihr Glück zu verdanken habe. Diese Version ist dann in die Geschichtsschreibung, vornehmlich in die deutsche, eingegangen, bis von russischer Seite (Bilbassow) überzeugend nachgewiesen wurde, daß die Prinzessin Sophie ihr Glück nicht „ihrem" König Friedrich, sondern der russischen Kaiserin Elisabeth zu verdanken habe. Ihr eigener Anteil an diesem Glück darf dabei allerdings nicht übersehen werden.

Die Kaiserin entschied sich ohne Wissen ihres Vizekanzlers für die Prinzessin Sophie und lud sie, um sie persönlich kennenzulernen, zusammen mit ihrer Mutter nach Petersburg ein. Die Damen sollten inkognito als Gräfin Reinebeck mit Tochter reisen, und dem Vater der ausersehenen Braut wurde zu verstehen gegeben, daß „unsere unvergleichliche Monarchin geboten habe, dem vorzubeugen, daß er mitkommt".

Im Januar 1744 fand die Reise so geheimnisvoll, wie die unvergleichliche russische Monarchin es wünschte, statt. Nur der König von Preußen hielt sich nicht an die Instruktion. Als die Damen in Berlin eintrafen, empfing Friedrich der Große sie öffentlich und hofierte die junge Prinzessin besonders. Es war die letzte persönliche Begegnung der beiden. Brieflich und diplomatisch sollten sie später — von Souverän zu Souverän — allerdings noch oft in Beziehung treten.

Als die Prinzessin Sophie ihre Heimat verließ, war sie noch nicht fünfzehn Jahre alt. Aber sie war nach übereinstimmendem Zeugnis „schon ganz reif und groß für ihr Alter". Aus ihrer Stettiner Zeit sind einige Urteile ihrer Schulmeister überliefert. Keiner ihrer Lehrer und Erzieher hat eine besondere Begabung oder sonst etwas Ungewöhnliches an ihr wahrgenommen. Aber manche für Katharina auch später charakteristischen Eigenschaften wurden von ihren Präzeptoren schon damals bemerkt. Ihre Erzieherin Mademoiselle Cardell beklagte sich über eine gewisse eigensinnige Aufsässigkeit ihres Zöglings und über Mangel an Ehrfurcht, was sie als „esprit gauche" bezeichnete. Auch die, nicht nur die junge Prinzessin, sondern auch die spätere Kaiserin kennzeichnende Neigung, „das eine zu hören und das andere dabei zu denken", fiel der gescheiten Französin auf. Desgleichen machten sich gewisse maskuline Züge ihres Wesens schon damals bemerkbar; wie ihre Erzieherin feststellte, hatte Fieke eine besondere Vorliebe für Knabenspiele. Zum Kummer ihres deutschen Musiklehrers war sie nicht nur vollständig unmusikalisch, sondern auch ohne jedes Verständnis für Musik, ein für ihr ganzes Wesen ohne Zweifel bezeichnender Zug. Das Kammerfräulein ihrer Mutter, Baronesse von Printzen, die bis zur Abreise die ständige Begleiterin der Prinzessin war und die jedenfalls mit Recht von sich behauptete, Sophie besser als irgend jemand zu kennen, hat sie als eine „gewöhnliche Erscheinung“ charakterisiert, als ein junges Mädchen mit „einem ernsten, berechnenden, kalten Verstand“, der aber „weit von allem Hervorragenden, Glänzenden, wie auch von allem entfernt war, was als Verirrung, wunderliches Wesen und Leichtsinn angesehen wird“.

Ihre jugendliche, egozentrische und erlebnisfreudige Mutter hatte sich, wie spätere Historiker gemeint haben, zum Vorteil der Tochter, nur wenig um deren Erziehung gekümmert und hatte ihr recht viel Freiheit gelassen. So war die vierzehnjährige preußische Generalstochter und Prinzessin keineswegs zu der Rolle, die sie im riesigen Russischen Reich spielen sollte, erzogen worden, aber sie war nicht gar so schlecht dafür vorbereitet. Alles andere als verhätschelt, daran gewöhnt, sich den Verhältnissen anzupassen und dabei auf sich selbst zu vertrauen, fremden Eindrücken aufgeschlossen, aber ihnen nicht naiv und wehrlos ausgeliefert, war sie mit einem zwar bescheidenen, aber für die Verhältnisse, in die sie kam, ausreichenden Bildungsgut ausgerüstet.

Großfürstin

Bis zu ihrer Ankunft in Rußland war die Prinzessin Sophie als ein Kind behandelt worden, das selbst nichts zu meinen hat. Auch in bezug auf ihre Heirat hatte man sie nicht gefragt. Andere entschieden über sie.

Das änderte sich bei ihrer Ankunft in Rußland. Nun war ihr weiteres Schicksal in hohem Grade in ihre eigenen Hände gelegt. Trotz ihrer Jugend war sie sich dessen wohl bewußt.

Sie hat die in Rußland auf sie gesetzten Erwartungen erfüllt. Sehr bald gewann sie das Wohlwollen der Kaiserin und den Beifall der Hofgesellschaft, zunächst sogar die Zuneigung des Thronfolgers. Nachdem sie erst einmal in Rußland war, gab es keinen Zweifel mehr, daß sie die Frau des künftigen Trägers der Krone werden würde.

Bereits ein halbes Jahr nach ihrer Ankunft, am 28. Juni 1744[1], trat sie, entgegen den ausdrücklichen Warnungen ihres überzeugt protestantischen Vaters, willig und freudig zur griechisch-orthodoxen Kirche über. Während der feierlichen Zeremonie in der Moskauer Schloßkirche in Gegenwart der Kaiserin und vieler hoher Würdenträger des Reiches zeigte sich die Fünfzehnjährige ganz unbefangen und sprach „mit lauter und fester Stimme und in reiner russischer Sprache, die alle Anwesenden in Erstaunen setzte, das Glaubensbekenntnis, ohne sich auch nur in einem einzigen Wort zu irren". Mit dem Glaubenswechsel war sie nach damaliger Auffassung Russin geworden. Seither hieß sie Jekaterina Aleksejewna.

Am Tage darauf fand die offizielle Verlobung mit dem Thronfolger statt. Nun war Katharina Großfürstin des Russischen Reiches mit dem Titel Kaiserliche Hoheit. Als solche stand sie im Rang höher als ihre Mutter und hatte zu deren offen gezeigter Verärgerung Vortritt vor ihr bei allen offiziellen Gelegenheiten. Die Vermählung fand mehr als ein Jahr später im Rahmen zehntägiger Feiern im August 1745 in Petersburg statt.

Nach ihrer Ankunft in Rußland hat Katharina mehr als sie erwarten konnte von der fremden Welt zu sehen bekommen. Die Kaiserin Elisabeth befand sich damals mit ihrem Hof in Moskau. Infolgedessen mußte auch Katharina unverzüglich dorthin und blieb dort mehr als ein Jahr. Von Moskau aus nahm sie mit der Kaiserin an einer Reise nach Kiew teil. Wenn sie auf diesen recht mühseligen Reisen, warm eingepackt im Schlitten liegend, auch nicht viel vom Lande gesehen hat, und wenn auch über bestimmende neue Eindrücke auf sie aus dieser Zeit nichts überliefert

[1] Die Daten sind alle nach russischem Stil angegeben.

ist — auch nicht von ihr selbst in ihren sonst sehr gesprächigen Memoiren —, so ist doch die Tatsache ihres Aufenthaltes im alten, echt russischen Moskau und im noch älteren Kiew, „der Mutter der russischen Städte“, bevor sie nach St. Petersburg kam und dort blieb, für sie ohne Zweifel sehr bedeutsam gewesen.

Wie sie später als zweiundvierzigjährige Kaiserin rückblickend versicherte, hatte sie bereits in diesem ersten Jahr in Rußland den Entschluß gefaßt, sich der neuen Umwelt ganz anzupassen und nicht nur äußerlich durch den Glaubenswechsel, sondern auch innerlich Russin zu werden. Nach ihren eigenen Worten hatte sie sich „zum Prinzip gemacht zu gefallen“, in erster Linie der Nation zu gefallen und darin war ihr, wie sie selbst mit einiger, aber nicht mit allzu großer Übertreibung feststellte, „ein Erfolg beschieden im vollsten Sinne, ohne jede Einschränkung zu irgendwelcher Zeit“.

Der später bei ihr ausgeprägte Sinn für das ihr persönlich Nützliche zeigte sich bereits bei der Fünfzehnjährigen, desgleichen die Fähigkeit, bewußt und ohne Skrupel, gegebenenfalls durch Bluff, den sich bietenden Nutzen im eigenen Interesse zu ziehen. Instinktsicher hatte sie einen leichten Zugang zum Herzen der Russen dadurch gefunden, daß sie sich mit Vorliebe der russischen Sprache bediente. Dadurch trat sie in betonten Gegensatz zu zahlreichen Ausländern in Petersburg, die es überhaupt nicht für nötig fanden, russisch zu lernen und sich allem Russischen gegenüber verächtlich zeigten. Katharinas Methode verfing besonders bei der Kaiserin selbst, der die junge Großfürstin russische, in Wirklichkeit von ihrem Lehrer geschriebene Briefe schickte und Elisabeth dadurch in Entzücken versetzte.

Bis zu ihrer Thronbesteigung hat Katharina achtzehn Jahre — von ihrem fünfzehnten bis zu ihrem dreiunddreißigsten Lebensjahr — als Großfürstin in Rußland verbracht. Es war für sie keine leichte Zeit, da sie vielen und starken Belastungen ausgesetzt war. Es war ein Leben, von dem sie später gesagt hat, daß „zehn andere davon verrückt geworden und zwanzig vor Gram gestorben wären“. Viele Nächte hat sie durchgeweint, allerdings auch sehr viele Nächte durchgetanzt. Trotz der Sympathien, deren sie sich hauptsächlich unter den Männern erfreute, blieb sie doch sehr isoliert und ganz auf sich selbst gestellt. Die Petersburger Hofatmosphäre war höchst unerfreulich und sehr dazu angetan, einen jungen, in den entscheidenden Entwicklungsjahren stehenden Menschen von Grund auf zu verderben. Den verderblichen Einwirkungen zeigte sich Katharina durchaus zugänglich.

Die Kaiserin Elisabeth war die jüngere — voreheliche — Tochter Peters des Großen und Katharinas I., einer litauischen Bauerntochter, früheren Ehefrau eines schwedischen Dragoners und späteren Geliebten mehrerer russischer Würdenträger, die der Zar zunächst seinerseits zu seiner Geliebten, dann zu seiner Frau und schließlich zur Kaiserin erhoben hatte. Das einfache mütterliche Erbe verleugnete Elisabeth nicht.

Als die Zerbster Prinzessin in Rußland eintraf, stand die Kaiserin — fünfunddreißigjährig — in der Blüte ihrer Jahre; sie war damals schon recht stark, hatte grobe, männliche Züge, aber war sehr hübsch, was sogar Katharina zugibt, die sonst bemüht war, das Andenken Elisabeths zu schmälern, um das eigene dadurch zu erhöhen. Die hervorstechendste Eigenschaft der Kaiserin war ihre beispiellose Indolenz, Uninteressiertheit und Trägheit, gepaart mit grober Sinnlichkeit. Sie kümmerte sich um nichts und langweilte sich ständig. Nur aus Langeweile legte sie sich, wie Katharina in ihren Memoiren erzählt, fortgesetzt und zu jeder Tageszeit, aber selten in der Nacht schlafen. Ihr einziges Mittel, die Langeweile zu bekämpfen, war das Vergnügen, und so jagte am Hofe ein Vergnügen das andere in einer Art Dauerfasching, denn die Kaiserin trug besonders gern Männerkleidung, die ihr gut stand. Sie ging sogar so weit, ihre Kopfhaare abzurasieren und von den Damen des Hofes, zu deren Entsetzen, das gleiche zu verlangen. Doch auch die fortgesetzte Feierei stand im Zeichen einer lähmenden Langeweile.

Das Leben bei Hofe verlief ohne jede Ordnung und Regelmäßigkeit; soupiert wurde dann, wenn es der Kaiserin gerade einfiel, sehr häufig nachts. Wie der Tageslauf, so waren auch die

Katharinas Vater Christian August von Anhalt-Zerbst.
(Bilderdienst Süddeutscher Verlag)

Katharinas Ehemann Kaiser Peter III.

(Bilderdienst Süddeutscher Verlag)

persönlichen Beziehungen der Menschen bei Hofe sehr in Unordnung. Alles liebte durcheinander, und Katharina lernte schon in sehr jungen Jahren, zunächst durch ihre Lektüre und dann durch das Beispiel, daß „eheliche Treue bei hochstehenden Damen nicht nur überflüssig, sondern verwerflich" sei. Nach dem Urteil von Ausländern war das Leben am russischen Hof weder elegant noch galant, sondern einfach lasterhaft. Unvorstellbare Summen wurden bei Hofe verjuxt, aber wenn Geld nötig war, dann fehlte es. Als Katharina nach der Geburt ihres Sohnes von der Kaiserin als Geschenk 100 000 Rubel erhalten hatte, erschien einige Tage darauf ein Kabinettssekretär und beschwor sie, das Geld der vollständig leeren Staatskasse zu leihen.

Neben beispiellosem Luxus stand — auch bei Hofe — geradezu erbärmliche Primitivität. Unter Leitung des berühmten Architekten Bartolomeo Rastrelli wurden herrliche Schlösser für die kaiserliche Familie, u. a. das Winterpalais in Petersburg, und prächtige Paläste für den Hochadel gebaut. Aber es wurde so schlecht gebaut, — die weitaus meisten Paläste waren damals noch aus Holz —, daß die Türen nicht schlossen, durch die Fenster der Wind blies, die Fußböden bis zu drei Finger breite Spalten hatten und an den Wänden das Wasser herunterfloß. Ungeziefer gab es überall; die Öfen waren so schlecht, daß es fortgesetzt zu Feuerschäden kam, und bei den Bränden verließen Mäuse und Ratten in langen Zügen die Trümmer. Ein besonderer Ausdruck der Primitivität war, daß die meisten Schlösser und Paläste völlig unzureichend, zum Teil überhaupt nicht möbliert waren. Die Möbel wurden nicht als zu den Häusern und Räumen, sondern wie die Wäsche und Schuhe als zu den Menschen gehörig betrachtet. Wenn der kaiserliche Hof vorübergehend von einem Schloß in das andere zog, was sehr häufig geschah, wurden die Möbel mitgenommen und kunterbunt durcheinandergestellt.

Auch in bezug auf die geistige Kultur bot der Hof ein zum Teil sehr primitives Bild. Neben kultivierten, auf der Höhe europäischer Bildung stehenden Persönlichkeiten wimmelte es auch bei Hofe von Analphabeten. Nach Katharina konnte damals nur die Hälfte der Hofgesellschaft lesen, nur ein Drittel schreiben. Die Bildung der Kaiserin bestand aus recht guten Sprachkenntnissen; außer Russisch konnte sie gut Französisch, weniger gut Deutsch und Schwedisch. Auch war sie eine vorzügliche Tänzerin. Aber das war auch alles. Bücher las sie nie. Bekanntlich hat die Selbstherrscherin des Russischen Reiches viele Kriege geführt. Die Karte Europas lag vor ihr ausgebreitet, sagt Kljutschewskij, aber leider sah sie sie nicht an und glaubte, nach London mit Pferden reisen zu können. Die Geselligkeit bei Hofe stand im Zeichen von Alkohol, Karten und Intrigen. Die Kunst der Unterhaltung war unbekannt.

Das war die Umwelt, in der Katharina, so gut wie gänzlich auf die Hofgesellschaft beschränkt, in ihrer Großfürstenzeit gelebt hat.

Der närrische Gatte

Die stärkste Belastung wurde der jungen Katharina durch ihren Gatten. Als sie ihm verlobt wurde, war er siebzehn Jahre alt, klein, zart, für sein Alter unterentwickelt, aber recht aufgeweckt, mitteilsam und der jungen Braut nicht unsympathisch. Die Möglichkeit, daß er sich körperlich, geistig und charakterlich, wenn auch langsam, so doch günstig entwickelte, war gegeben. Diese Möglichkeit trat leider nicht ein.

Peter kam spät in die Pubertätsjahre, aber auch sie förderten seine Entwicklung nicht. Zwar wuchs er recht rasch, aber blieb nicht nur zart, kränklich und körperlich unterentwickelt, sondern auch seinem Wesen nach kindisch, albern, unernst und krankhaft eigensinnig, kritiklos nicht nur anderen, sondern vor allem sich selbst gegenüber und infolgedessen sehr überheblich. Zudem wurde sein Äußeres nach einer Erkrankung an Pocken durch Narben sehr unvorteilhaft entstellt. Im Gegensatz zu seiner Frau war er sehr musikalisch, hat aber dieses Talent aus Mangel an Geduld und Fleiß nie systematisch gepflegt; er konnte keine Noten lesen und spielte Geige nur nach Gehör.

Im Bewußtsein seiner besonderen Stellung bei Hofe als Thronfolger und im Genuß eines sehr weitherzigen, sich über alle seine Mängel hinwegsetzenden Wohlwollens seiner kaiserlichen Tante, glaubte er sich alles erlauben zu können, was seine kindlichen Launen ihm gerade eingaben, auch seiner Gemahlin gegenüber. Nur in der ersten Zeit nach der Verlobung war er Katharina gegenüber aufmerksam und gelegentlich auch vertraulich, aber bereits vor der Hochzeit hörte er auf, sich um sie zu kümmern, lief verschiedenen anderen Frauen nach, in die er sich in schnellem Wechsel backfischartig verliebte und sich am lasterhaften Hof dadurch insofern lächerlich machte, als er zu einer richtigen Liebschaft gar nicht fähig war. Sein bevorzugter Umgang waren seine Diener, mit denen er grobe und unflätige Scherze trieb, und die er in seinem Zimmer exerzieren ließ. Er aß gerne übermäßig und trank viel, wodurch er seine ohnehin schwache Gesundheit noch mehr ruinierte.

Seine läppischen Vergnügungen behielt er auch als Ehemann bei. Noch mit achtundzwanzig Jahren war seine liebste Beschäftigung mit kleinen Puppen zu spielen oder mit Soldaten aus Holz, Stärkemehl oder Wachs, die nach Katharinas Beschreibung die Zimmer füllten, so daß man sich kaum hindurchdrängen konnte. Als er sechsundzwanzig Jahre alt war, ließ er eine Ratte nach den Regeln des Feldgerichtes hinrichten und in seinem Zimmer aufhängen, weil sie einen Soldaten aus Stärkemehl angefressen hatte.

Man hat diese Berichte Katharinas für übertrieben gehalten. Aber zahlreiche andere Quellen, so unter anderem eine im Wortlaut überlieferte Instruktion des Kanzlers Bestushew für einen Hofmarschall des Thronfolgers, lassen Katharinas Schilderungen als durchaus glaubwürdig erscheinen. Dieser infantile und närrische Jüngling wurde trotz von ärztlicher Seite geäußerten Bedenken achtzehnjährig verheiratet. Den Verlauf der Hochzeitsnacht hat seine junge Frau selbst geschildert. Zunächst mußte Katharina zwei Stunden im Bett liegen, ohne daß der Gatte erschien — er soupierte nämlich in seinen Gemächern. „Ich wußte nicht, was ich tun sollte", schreibt Katharina. „Sollte ich mich wieder erheben? Sollte ich im Bett bleiben? ... schließlich kam er zu Bett, und als er sich niedergelegt hatte, schlief er ein und schlummerte sehr behaglich bis an den nächsten Morgen ... Frau Kruse (Katharinas Kammerfrau) versuchte uns junge Eheleute am nächsten Tag auszufragen. Ihre Hoffnungen erwiesen sich aber als trügerisch. Und in diesem Zustand blieben die Dinge, während der neun folgenden Jahre ohne die geringste Änderung." — Jedenfalls war „ein physisches Hindernis" bei Peter der Grund dazu.

Katharinas Reaktion darauf war sehr bezeichnend. „Ich kam schon in den ersten Tagen unserer Ehe zu einem bösen Schluß", schreibt sie in ihren Memoiren. „Ich sagte mir 'Wenn Du diesen Menschen liebst, wirst Du das unglücklichste Geschöpf auf Gottes Erdboden sein. Dein Inneres würde Erwiderung verlangen. Der Mensch beachtet Dich ja kaum ... Du bist zu stolz, um deswegen Lärm zu schlagen, aber mit Zärtlichkeiten gegenüber diesem Herrn nehmen Sie sich gefälligst zusammen, Madame. Denken Sie an sich selbst!' "

Die Tatsache dieser ehelichen Abstinenz hatte aber eine hohe politische Bedeutung. Die Hofmeisterin Katharinas, Frau Tschoglokow, eine Verwandte der Kaiserin, gab auf Grund ihrer Instruktionen der Großfürstin immer wieder sehr deutlich zu verstehen, daß es deren einzige Aufgabe sei, dem Reich den gewünschten Erben zu geben. Das Ausbleiben dieses Erben durch Jahre verschlechterte die Stellung Katharinas am Hofe sehr und isolierte sie um so mehr, als man die Schuld daran ihr zuschrieb. Frau Tschoglokow hatte die delikate Anweisung erhalten, „die ehelichen Vertraulichkeiten zwischen beiden kaiserlichen Hoheiten" zu beobachten und hat erstaunlicherweise nicht ausgemacht, wer die Schuld daran trug, daß nichts zu beobachten war.

Das wachsende Mißtrauen gegen die junge Großfürstin äußerte sich darin, daß sie wie eine Gefangene gehalten wurde, nicht einen Schritt ohne besondere Erlaubnis tun und auch nicht mit ihren nächsten Angehörigen in Deutschland korrespondieren durfte. Die Briefe an ihre Mutter wurden vom Kollegium für auswärtige Angelegenheiten verfaßt und von ihr unterschrieben. In dieser Isolierung war sie mit Ausnahme der Feste, die sie natürlich mitmachen mußte, zu vollständiger Untätigkeit verurteilt.

Es ist mit Recht darauf hingewiesen worden, daß eine solche Behandlung einer förmlichen Erziehung zur Verstellung, zur listenreichen Täuschung anderer und damit zur Unaufrichtigkeit gleichkam. Zur Wahrung ihres eigenen Interesses, in fortgesetzter Sorge um die eigene Person, um die sich sonst niemand sorgte, hat Katharina in diesen Jahren gelernt, ihr wirkliches Sein hinter einem falschen Schein zu verbergen. Sie hat es verstanden, von dieser Fähigkeit durch ihr ganzes Leben bis ins höchste Alter hinein virtuos Gebrauch zu machen.

Selbstbildung

Die Isolierung Katharinas von ihren Angehörigen in Deutschland, speziell in Preußen, hatte noch eine besondere Bewandtnis. Ihre Mutter hatte in Petersburg starkes Ärgernis erregt. Die ehrgeizige und intrigante Frau des preußischen Feldmarschalls wollte mit der Verheiratung ihrer Tochter eine davon unabhängige hochpolitische und sehr heikle Mission verknüpfen. Ihr Aufenthalt in Petersburg fiel in die Zeit des Zweiten Schlesischen Krieges. Da der leitende russische Staatsmann, der bereits erwähnte Vizekanzler Graf Alksej Petrowitsch Bestushew-Rjumin, ohne Zweifel die bedeutendste Persönlichkeit am Petersburger Hofe, österreichisch gesinnt war, hatte sich die preußisch gesinnte Fürstin von Zerbst in den Kopf gesetzt, Bestushew zu stürzen, oder wie sie sich selbst in naiver Überheblichkeit ausdrückte, ihn „abzusetzen“. In Petersburg machte sie sich eifrig ans Werk, in engster Zusammenarbeit mit dem Botschafter des mit Friedrich dem Großen verbündeten Frankreich, dem damals erst sechsunddreißigjährigen, sehr gewandten Marquis de la Chétardie. Erstaunlicherweise setzte König Friedrich große Hoffnungen auf die Hilfe der an derlei Missionen zwar höchst interessierten, zu ihrer

Durchführung aber gänzlich ungeeigneten Fürstin. Ihre unvorsichtig geführte Korrespondenz kam bald zur Kenntnis des Vizekanzlers, und das Komplott endete damit, daß Bestushew nicht abgesetzt wurde, sondern vom Vizekanzler zum Großkanzler avancierte, Chétardie aus Petersburg ausgewiesen, der preußische Gesandte von Mardefeld abberufen und der Fürstin von Zerbst deutlich zu verstehen gegeben wurde, daß es für sie an der Zeit wäre heimzukehren. Der österreichisch orientierte außenpolitische Kurs in Petersburg blieb bestehen.

Diese Erfahrungen mit Katharinas Mutter ließen die Befürchtung aufkommen, daß auch sie selbst sich als „preußische Spionin im Weiberrock“ entpuppen könnte. Die Befürchtungen waren nicht begründet. Die junge Großfürstin hatte mit sicherem Instinkt erkannt, daß es, um den Beifall der Russen zu gewinnen, nicht genüge, gut russisch zu sprechen und sich äußerlich der Umwelt anzupassen, sondern daß es erforderlich sei, sich auch innerlich umzustellen. Sie hat das ganz bewußt getan. Von Preußen und seinem König löste sie sich innerlich ganz; sie hat sich in der österreich-freundlichen Petersburger Atmosphäre betont ablehnend über Friedrich den Großen geäußert. Sie wollte Russin sein und ist während ihrer Großfürstinnenzeit auch tatsächlich „verrusst“. Als ein Beispiel dafür, wie gut ihr das gelungen war, führt der Russe Bilbassow überraschenderweise an, daß sie begann, ihre Dienstboten zu prügeln, was sie „als Fieke von Zerbst gewiß nicht getan hätte“.

So viel der Großfürstin am mißtrauischen Hof auch verboten war —, zu lesen war ihr erlaubt. So stürzte sie sich auf die Lektüre. Im Unterschied zu ihrem Gatten und zur Kaiserin hatte sie sehr rege geistige Interessen und hielt sich selbst infolgedessen für philosophisch veranlagt. Bereits mit fünfzehn Jahren hatte sie eine leider verlorengegangene Betrachtung über sich unter dem Titel „Porträt einer Philosophin“ verfaßt und sie einem Gönner, dem schwedischen Diplomaten Graf Güllenborg, zu lesen gegeben. Dieser hatte ihr daraufhin empfohlen, „um den Adel der Seele, die Charakterfestigkeit und andere Eigenschaften des Herzens und des Geistes" in ihr zu festigen, wenn auch nicht gerade philosophische, so doch allgemeinbildende Bücher wie z. B. Plutarchs „Lebensbeschreibungen berühmter Männer" und das „Leben Ciceros" von Middleton zu lesen. Wenn sie auch zunächst an diesen Büchern keinen Geschmack fand und sich auf die Lektüre minderwertiger Kriminal- und vor allem Liebesromane beschränkte, so änderte sich das mit ihrem zunehmenden Alter. Sie begann sich tatsächlich mit philosophischer Literatur zu befassen und wurde dadurch in eine Gedankenwelt — die der Aufklärung — eingeführt, die ihr bislang völlig fremd gewesen war. Am meisten fesselten sie Montesquieu (L'esprit des lois) und Voltaire (Essai sur les moeurs et l'esprit des nations).

Es ist mit Recht darauf hingewiesen worden, daß diese Lektüre eine große Bedeutung für die Geisteshaltung Katharinas gewonnen hat, allerdings nicht für ihr späteres praktisches Verhalten als Regentin des Russischen Reiches. Katharina hat sich oft und gerne auf die Philosophen der Aufklärung berufen und sich zu ihnen bekannt und hat später mit den führenden Geistern ihrer Zeit in reger Korrespondenz gestanden. Sie hat „L'esprit des lois" ihr Gebetbuch genannt, hat sich selbst als Republikanerin bezeichnet und für die Freiheit als „die Seele aller Dinge" geschwärmt. Aber in ihrer „Realpolitik" hat das keinen Niederschlag gefunden. Sie hat einen willkommenen, gerne und meist sehr geschickt verwendeten Zitatenschatz aus ihrer Lektüre gewonnen, aber sie blieb sich gleichwohl sehr bewußt, was ihr und ihrer Stellung zunächst als Großfürstin und dann als Kaiserin zuträglich war. Dem standen die Postulate Voltaires und die Maximen Montesquieus oft entgegen.

Die Beschäftigung mit politischer und philosophischer Literatur und die gleichzeitige innere Lösung von ihrem närrischen Mann hatten ihr Selbstbewußtsein gestärkt und sie innerlich, wie sie selbst später sagte, „in ihrem Stolz und in ihrer Seelenwürde" gefestigt. Nun stellte sie sich ganz auf eigene Füße und gab sich mit wachsender Leidenschaft zwei höchst verführerischen Dingen hin: dem Spiel mit der Politik und dem Spiel mit der Liebe.

Stammtafel

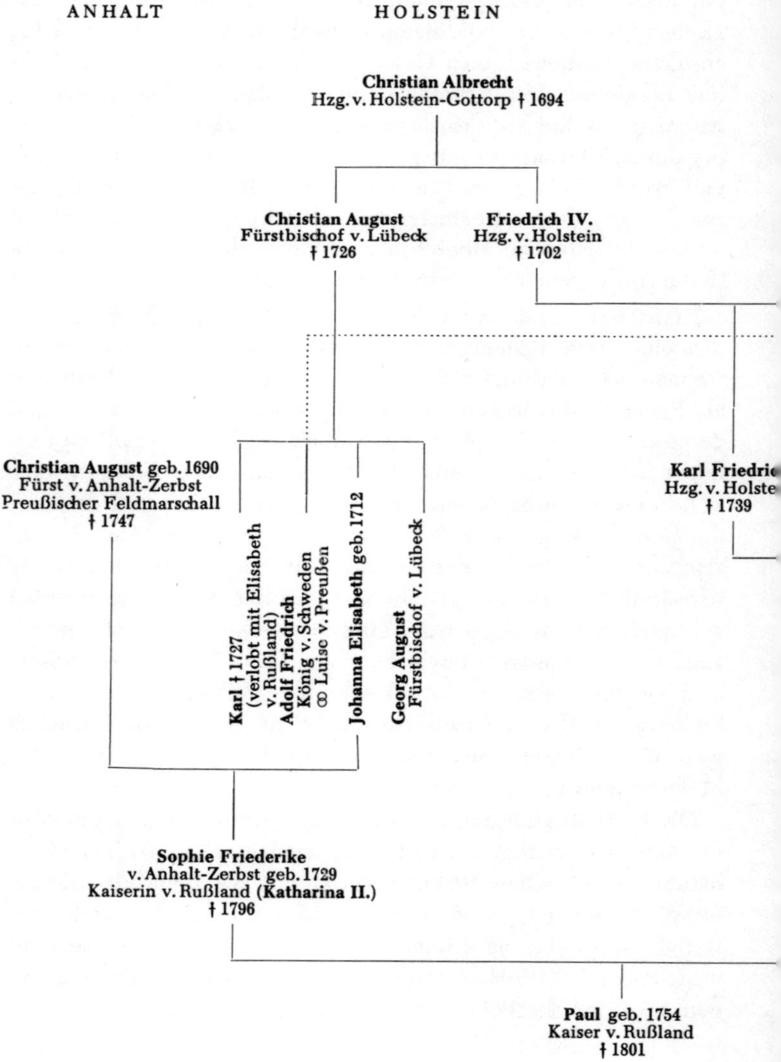
ANHALT
HOLSTEIN
Christian Albrecht
Hzg. v. Holstein-Gottorp † 1694
Christian August
Fürstbischof v. Lübeck
† 1726
Friedrich IV.
Hzg. v. Holstein
† 1702
Christian August geb. 1690
Fürst v. Anhalt-Zerbst
Preußischer Feldmarschall
† 1747
Karl † 1727
(verlobt mit Elisabeth
v. Rußland)
Adolf Friedrich
König v. Schweden
∞ Luise v. Preußen
Johanna Elisabeth geb. 1712
Georg August
Fürstbischof v. Lübeck
Karl Friedri
Hzg. v. Holste
† 1739
Sophie Friederike
v. Anhalt-Zerbst geb. 1729
Kaiserin v. Rußland (Katharina II.)
† 1796
Paul geb. 1754
Kaiser v. Rußland
† 1801

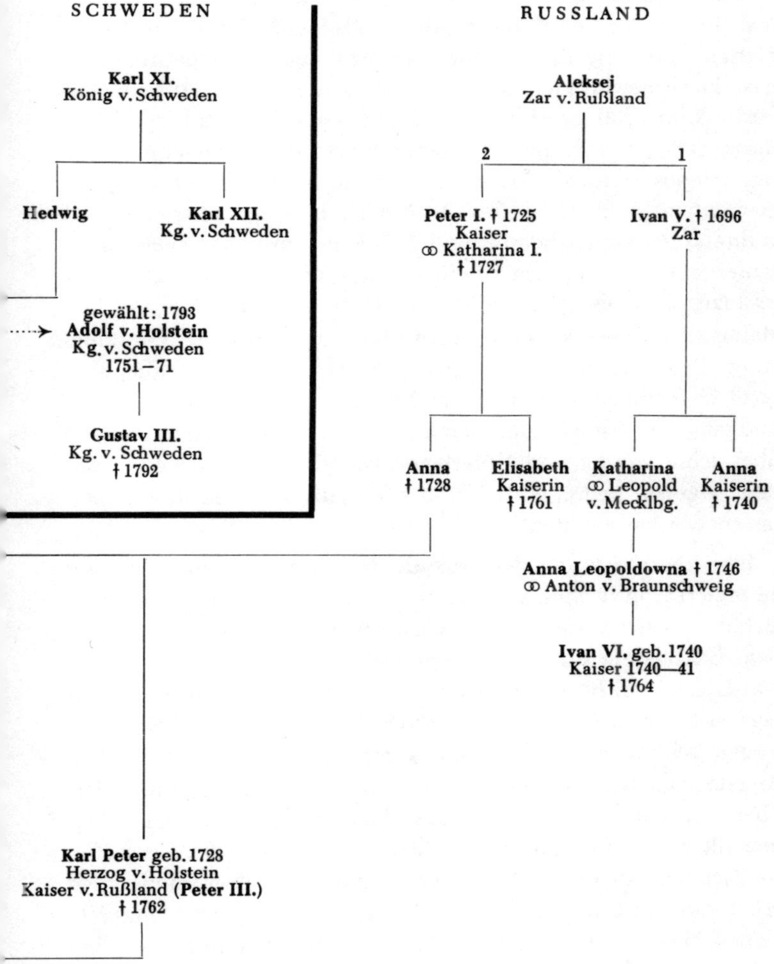
SCHWEDEN
RUSSLAND
Karl XI.
König v. Schweden
Hedwig
Karl XII.
Kg. v. Schweden
gewählt: 1793
Adolf v. Holstein
Kg. v. Schweden
1751–71
Gustav III.
Kg. v. Schweden
† 1792
Aleksej
Zar v. Rußland
2
1
Peter I. † 1725
Kaiser
∞ Katharina I.
† 1727
Ivan V. † 1696
Zar
Anna
† 1728
Elisabeth
Kaiserin
† 1761
Katharina
∞ Leopold
v. Mecklbg.
Anna
Kaiserin
† 1740
Anna Leopoldowna † 1746
∞ Anton v. Braunschweig
Ivan VI. geb. 1740
Kaiser 1740—41
† 1764
Karl Peter geb. 1728
Herzog v. Holstein
Kaiser v. Rußland (Peter III.)
† 1762

Politik und Liebe

Durch das Beispiel ihrer Mutter hatte Katharina gelernt, wie man es mit der Politik nicht halten soll. Durch das Beispiel ihres Gatten lernte sie es Tag für Tag aufs neue. Die geistige und charakterliche Minderwertigkeit des Thronfolgers äußerte sich auch darin, daß er sich „in aufgeblasener Selbstzufriedenheit“ darin gefiel, das Empfinden seiner russischen Umgebung, zumal das religiöse und nationale, zu kränken. Er setzte sich über die elementarsten Begriffe des Anstandes hinweg, schwatzte laut während des Gottesdienstes und verhöhnte auf billige Weise seine Untergebenen. Zu allem Unglück wurde er in seinem siebenundzwanzigsten Lebensjahr (1755) für fähig befunden, „seinen holsteinischen Besitz selbst zu verwalten“, und in einer Formulierung, die auf seine Umgebung wie ein Hohn wirken mußte, aber nicht so gemeint war, gab die Kaiserin „mit besonderem Vergnügen“ ihre Einwilligung dazu, daß er „als regierender Herzog über seine Länder und Untertanen herrschen könne, die ... seinem eigenen reifen Urteil und vernünftigen Benehmen überlassen werden könnten“.

Ironischerweise gab der Versuch, Holstein von Petersburg aus zu regieren, nicht ihm, sondern seiner Frau Gelegenheit, ihr reifes Urteil und ihr vernünftiges Benehmen unter Beweis zu stellen. Sehr bald zeigte sich, daß der russische Thronfolger und Herzog von Holstein nicht nur nicht fähig, sondern auch gar nicht gewillt war, sich ernstlich mit den — durch den Konflikt mit Dänemark wegen Schleswig zum Teil sehr komplizierten — Holsteinischen Angelegenheiten im Ernst zu befassen und höchst befriedigt darüber war, daß Katharina ihm das abnahm. Zielsicher und selbstbewußt nahm sie nicht nur die faktische Führung der Geschäfte, sondern auch gleich die Verantwortung dafür in ihre Hände. „Ich erbat von ihm (dem Thronfolger)“, erzählt sie in ihren Memoiren, „einen besonderen Ukas mit seiner Unterschrift und seinem Siegel, damit die holsteinischen Beamten mir Gehorsam leisten.“ Das war Katharinas Eintritt in die Politik.

Von der Führung der holsteinischen Geschäfte kam sie sehr schnell zur Mitsprache auch in den Angelegenheiten der russischen Außenpolitik. Dabei festigte sie ihre persönlichen Beziehungen sowohl zu den ausländischen Diplomaten wie zu den russischen Staatsmännern, vor allem zu Bestushew, und bald hatte sie ihre Finger an allen Fäden der großen Politik. Bereits seit der Mitte der fünfziger Jahre wogen ihre Ansichten in den Augen der ausländischen Gesandten, wie aus deren Berichten eindeutig hervorgeht, weit schwerer als jene des Thronerben.

Sie selber fand wachsendes Gefallen an der Politik und nicht weniger Gefallen an der Liebe. Trotz ihrer körperlichen Frühreife und trotz ihrer unvollzogen gebliebenen Ehe hat sie, entgegen einer verbreiteten Auffassung, erst verhältnismäßig spät mit ihren Liebschaften begonnen; allerdings hat sie auch spät, richtiger gesagt gar nicht mehr, damit aufgehört. Es ist unwahrscheinlich, daß der Grund zu ihrer anfänglichen Enthaltsamkeit in ihrer strengen Bewachung lag, da sie nie verlegen gewesen ist, ihre Wächter zu täuschen oder ihnen zu entgehen. Wahrscheinlicher ist, daß sie bis zu ihrem zweiundzwanzigsten Lebensjahr selbst kein Bedürfnis dazu verspürte. Es erübrigt sich, auf ihre ungezählten Liebesaffären einzugehen. Sie haben den Zeitgenossen und Nachfahren viel Material für höchst pikante und anstößige Berichte gegeben, die dem Ruf Katharinas sogar im weitherzigen 18. Jahrhundert abträglich gewesen sind. Allzu Menschliches war ihr nicht fremd und wohl auch kaum mehr Menschliches nicht.

So verschieden ihre Liebhaber waren, gemeinsam war ihnen allen, daß sie ausnahmslos jünger waren als Katharina selbst, und da das Lebensalter ihrer Liebhaber erstaunlich konstant zwischen zweiundzwanzig und sechsundzwanzig Jahren blieb — nur Potjomkin machte darin eine Ausnahme —, so vergrößerte sich der Altersunterschied zwischen den Liebespartnern immer mehr. Der letzte Liebhaber, Fürst Subow, war 38 Jahre jünger als sie.

Katharina selbst hat — Potjomkin gegenüber — in Abrede gestellt, daß es sich bei ihr um „Lust zur Ausschweifung“ gehandelt habe und hat die Schuld an ihrem Lebenswandel nicht sich, sondern ihrem Schicksal zugeschrieben. „Hätte mir das Schicksal in meiner Jugend einen Mann beschert, den ich lieben konnte", erklärte sie nicht sehr überzeugend, „so hätte ich mich in alle Ewigkeit nicht geändert."

Man hat in ihrer Vorliebe für das Unreife einen Ausdruck ihrer „menschenbildnerischen Leidenschaft" (Lewalter) gesehen; es war aber gleichzeitig ein Ausdruck ihrer sehr früh erkennbar gewordenen Herrschsucht. Wie sie als Kaiserin politisch unumschränkt zu herrschen begehrte, so wollte sie auch die Menschen ihrer Umgebung persönlich beherrschen. Ihre Liebhaber, oder richtiger gesagt, ihre männlichen Geliebten, sind ein recht ausdrucksvolles Beispiel dafür. Selbst vom bullenhaften Potjomkin in seiner strotzenden Männlichkeit bemerkte der Fürst von Ligne: „le plus femme de deux, c'est bien lui". Als Persönlichkeit blieb die an Jahren ältere Katharina allen ihren Geliebten überlegen, die in erster Linie durch physische Qualitäten ausgezeichnet waren. Dabei war sie selbst durchaus keine Schönheit; idealisierende Bilder dürfen darüber nicht hinwegtäuschen. Ein als Kenner der Frauenschönheit bekannter Franzose namens Favier, der vorübergehend in Petersburg war, schildert sie so: „Eine lange feine, aber nicht biegsame Taille, eine edle Haltung, aber ein affektierter Gang, ungraziös, eine enge Brust, ein langes Gesicht, besonders das Kinn, ein stehendes Lächeln auf den Lippen, aber ein flacher eingedrückter Mund, — man kann von ihr nicht hingerissen werden." Auch andere Berichte bestätigen, daß „ihr Äußeres nichts Anziehendes hatte" (Bilbassow). Sehr schön waren ihre großen ausdrucksvollen Augen. Nicht ihrer Schönheit oder ihrem Liebreiz, wie sie selbst meinte, sondern ihrer Klugheit, ihrem Willen zu herrschen und ihrem großen Geschick in der Menschenbehandlung verdankte sie die Wirkung und den Einfluß auf ihre Umgebung.

Ungefähr gleichzeitig mit dem Auftreten ihres ersten Liebhabers, Graf Saltykow, hat bei ihr offenbar auch ein normales Eheleben begonnen (1752). Nach zwei Fehlgeburten bekam sie 1754 einen Sohn, den Großfürsten Paul. Er wurde allgemein für den Sohn Saltykows gehalten, aber der Gatte Peter bestand auf seiner Vaterschaft, und so töricht zu glauben, der Vater zu sein, ohne daß die realen Voraussetzungen dafür bestünden, war er gewiß nicht. Die später immer deutlicher werdende Ähnlichkeit zwischen Paul und Peter läßt es als im höchsten Grade wahrscheinlich erscheinen, daß Peter auch tatsächlich der Vater war.

Mit der späten Geburt dieses Knaben hatte die Großfürstin Katharina endlich ihre Hauptpflicht erfüllt. Die Kaiserin Elisabeth zeigte sich geradezu vernarrt in das Kind, nahm es gleich nach der Geburt der Mutter fort und sorgte selbst für seine Pflege und später für die Erziehung. Katharina war seither für die Kaiserin überhaupt nicht mehr interessant.

Sie verstand es aber, sich interessant zu machen. Neben dem Spiel mit der Liebe intensivierte sie ihr Spiel mit der Politik. Der Einsatz dabei war sehr hoch, denn es ging um die Krone. Auch das Risiko war groß, denn ihre Mitspieler dabei waren Ausländer, der britische Gesandte in Petersburg Sir Charles Hanbury Williams und dessen Privatsekretär, der Pole Graf Stanislaus Poniatowski, Katharinas Geliebter.

Durch den ausgedehnten und höchst interessanten, streng geheim geführten Briefwechsel zwischen Katharina und Williams sind wir sehr genau auch über die Hintergründe informiert. Sir Charles ging es dabei um die Interessen des Landes, das er vertrat, konkret um ein englisch-russisches Bündnis. Katharina ging es in erster Linie um ihre Person, konkreter um die Gewinnung des russischen Thrones.

Die russische Außenpolitik war traditionell österreichisch orientiert und da Österreich mit England verbündet war, auch englandfreundlich. Gute Beziehungen zum englischen Gesandten paßten in diesen Rahmen. Die Angelegenheit wurde aber höchst delikat, als im Zuge des bekannten Renvercement des Alliances (1756) Österreich sich mit Frankreich und Preußen sich mit England verbündete. Die russische Politik blieb, ungeachtet des Versuches Friedrichs des Großen, Bestushew zu bestechen, österreichfreundlich. Katharina hielt aber ihre vertrauten Beziehungen zu

Williams gleichwohl aufrecht, auch nachdem der Siebenjährige Krieg ausgebrochen war. Allerdings hatte Williams es verstanden, die Großfürstin auch durch andere Bande zu binden. Katharina hat zeitlebens ein besonderes Vergnügen am Geldausgeben gehabt und immer über ihre Verhältnisse gelebt. Ihre enormen Privatschulden bezahlte Williams über den englischen Konsul in Petersburg.

Die Angelegenheit wurde noch heikler, als Williams von Katharina geheime Informationen erhielt, zu deren Kenntnis sie durch ihre guten Beziehungen zum Oberbefehlshaber der russischen Armee im Kampfe gegen Preußen, Feldmarschall Apraksin, gelangt war. Williams gab diese Informationen prompt an den preußischen König weiter, der glaubte, in Katharina eine geheime Bundesgenossin zu haben. Doch darin täuschte er sich. Die in Preußen geborene Tochter des preußischen Marschalls war nicht preußisch, sondern betont englisch orientiert und ganz im Sinne von Williams, der dafür ihre Thronaspirationen begünstigte, entschlossen, „jede erdenkliche Gelegenheit zu benutzen, um Rußland zu einem freundschaftlichen Bunde mit England zu bewegen".

Der geheime Bundesgenosse Friedrichs in Petersburg war nicht Katharina, sondern ihr Mann, der Thronfolger Peter, der aus seiner Begeisterung für den König von Preußen kein Hehl machte, dessen Büste öffentlich küßte und sich selbst mit Vorliebe als einen echten Preußen bezeichnete.

Diese Haltung des Thronfolgers war insofern politisch wichtig, als in Petersburg mit einem schnellen Tode der körperlich stark verfallenden — wahrscheinlich krebskranken — Kaiserin gerechnet wurde. Aber Elisabeth starb noch nicht, und so blieb die Situation, auch die persönliche Katharinas, äußerst heikel, um so mehr, als in Petersburg konkrete Pläne dafür geschmiedet wurden, im Falle eines Thronwechsels den närrischen Peter von der Nachfolge auszuschließen. Auch Elisabeth hatte sich mit diesem Gedanken getragen und ihrem Neffen wiederholt damit gedroht, aber zu einem entscheidenden Schritt sich nicht entschließen können.

Während in Petersburg unter Beteiligung so einflußreicher Leute wie Bestushew konkrete Vorbereitungen dafür getroffen wurden, Katharina im Falle eines Todes Elisabeths, sei es als Mitregentin ihres Gatten, sei es als Regentin für ihren minderjährigen Sohn einzusetzen, kam es im Zusammenhang mit der Kriegsführung gegen Preußen zu einem Skandal.

Der Oberbefehlshaber Apraksin hatte den russischen Sieg bei Großjägersdorf (1757) nicht ausgenutzt, war nicht, wie man erwartet hatte, auf Königsberg marschiert, sondern hatte sich zuerst nach Tilsit und dann nach Memel zurückgezogen. Die Gründe für dieses Verhalten sind bis heute nicht ganz geklärt. Ob die Sorge um den Nachschub und die Verpflegung der Truppe dabei ausschlaggebend war, wie Apraksin selbst zu seiner Rechtfertigung anführte, oder ob eine Spekulation auf den Tod der Kaiserin und auf einen politischen Kurswechsel dahinterstand, sei dahingestellt. Jedenfalls löste Apraksins Verhalten in Petersburg helle Empörung aus; er wurde für einen Verräter erklärt und verhaftet. Angefeuert von den begreiflicherweise beunruhigten Gesandten Österreichs und Frankreichs, setzte ein Kesseltreiben gegen die preußisch und englisch orientierten Kreise in Petersburg ein. Der Aktion fiel auch der Großkanzler selbst zum Opfer. Bestushew wurde zum Tode verurteilt, dann begnadigt und auf seine Güter verbannt. Poniatowski wurde abberufen. Apraksin starb an einem Schlaganfall während seines Prozesses. Infolge ihrer Beziehungen zu Bestushew, Poniatowski und Apraksin sah auch Katharina sich durch diese Affäre im höchsten Grade bedroht.

Das faktische Ausmaß ihrer Beteiligung an den Vorgängen ist nicht bekannt. Bestushew war es gelungen, belastendes Material zu verbrennen; auch Katharina selbst hat alles vernichtet, was den begründeten Verdacht gegen sie hätte beweisen können. Die Ironie des Schicksals wollte, daß der einzige, der über den Rückzug Apraksins und die darauf folgenden preußischen Erfolge ehrlich erfreut war, und der wahrscheinlich die Rolle eines Agenten Preußens in Petersburg gespielt hat, der Großfürst-Thronfolger Peter, nicht nur ungeschoren blieb, sondern durch diese Vorgänge noch profitierte. Jetzt versuchte er nach dem Sturz des Starken — Bestushew —, seine eigene schwache Position zu kräftigen und bei der Gelegenheit gleich seine Frau loszuwerden.

In dieser gefährlichen Lage entschloß sich Katharina zu einem gewagten Spiel. Um einem Schlag gegen sich zuvorzukommen, warf sie sich heuchlerisch der Kaiserin zu Füßen, bezichtigte sich „der geringen Begabung" und der Schuld daran, „den Haß des Großfürsten und die offenbare Ungnade Eurer Majestät" auf sich gezogen zu haben, erklärte, der ihr „erwiesenen Wohltaten nicht wert zu sein" und flehte Elisabeth an, ihr zu gestatten, Petersburg zu verlassen und „für den Rest meiner Tage" (sie war damals achtundzwanzig Jahre alt) zu ihren Eltern nach Deutschland zurückzukehren.

Ohne jeden Zweifel hat Katharina nichts so sehr gefürchtet wie eine Gewährung dieser Bitte und nichts anderes angestrebt, als durch deren Ablehnung und durch eine gleichzeitige Ablenkung von den peinlichen sie kompromittierenden Dingen sich persönlich aus der Affäre zu ziehen. Das ist ihr in vollem Umfang gelungen. Die eitle, aber im Grunde gutherzige und drastischen Maßnahmen immer abgeneigte Kaiserin tat genau das, was die nach ihrer Krone schielende Großfürstin wollte. Es gab viele Tränen und Umarmungen und im Ergebnis blieb Katharina zum deutlich gezeigten Ärger ihres Gatten nicht nur in Rußland, sondern auch in Petersburg — im Unterschied zu den ihr nahestehenden Personen, die alle verschickt wurden — und erfreute sich seither eines unverkennbaren Wohlwollens der Kaiserin.

Nach diesem Vorfall hielt Katharina sich sehr zurück und zog ihre Finger aus dem politischen Spiel, was sie allerdings nicht daran hinderte, sich mit gebotener Vorsicht ihre Schulden durch den englischen Gesandten weiterhin bezahlen zu lassen. In diesen Jahren lebte Katharina sehr zurückgezogen und ließ die Zeit für sich arbeiten. Sie knüpfte neue Beziehungen an. Vor allem zum Grafen Nikita Iwanowitsch Panin, der seit Bestushews Sturz stark in den Vordergrund trat und seinerseits für die Einsetzung Katha-

Kaiserin Elisabeth von Rußland.

(Historia-Photo)

Katharina als Großfürstin.

(Bildarchiv Foto Marburg)

rinas als Regentin für den kleinen Paul war. Katharina selbst wollte allerdings mehr.

Panin, ein bewährter Diplomat, war von Elisabeth zum Erzieher des Knaben Paul bestellt worden. Über ihn gewann Katharina wieder Kontakt zu den führenden Männern der Hofgesellschaft. Gleichzeitig knüpfte sie, was für sie sehr wichtig werden sollte, sehr gute Beziehungen zu den in der jungen Generation einflußreichen Gardeoffizieren an. Unter diesen spielten die fünf Brüder Orlow eine führende Rolle, und der schönste und populärste, wenn auch nicht der bedeutendste, Grigorij, wurde Katharinas neuer Geliebter. Er sorgte für die Popularität der von ihrem Gatten so schlecht behandelten Großfürstin gerade in jenen Kreisen, die jederzeit bereit waren, gerufen oder ungerufen, bewaffnet auf die Straßen oder in die Korridore des Kaiserpalastes zu gehen. Zunächst ergab sich dafür noch keine Gelegenheit.

Ausgeschaltet

Am Weihnachtstage 1761 starb die Kaiserin Elisabeth. Obwohl man längst damit gerechnet hatte, trat der Tod zu diesem Zeitpunkt unerwartet ein, ohne daß die Kaiserin eine besondere Verfügung über die Nachfolge getroffen hatte. Der Thronfolger nutzte die Situation, bestieg als Peter III. den Thron und schaltete sofort jede Möglichkeit einer politischen oder persönlichen Einflußnahme seiner Gemahlin aus.

Katharina war somit nur dem Namen nach Kaiserin. Sie hat sich mit großer Selbstbeherrschung und kluger Voraussicht in diese Rolle gefügt. Ihre Ausschaltung hat sie ihrerseits durch ihr Verhalten unterstrichen und sich damit vom kaiserlichen Gatten und allem, was er tat, betont distanziert. Sie erkannte richtig, daß sich das nur in ihrem Interesse auswirken konnte. Denn Peter untergrub sowohl durch sein persönliches Verhalten wie durch viele seiner Maßnahmen seine ohnehin schwache Stellung immer mehr. Über den Tod der Kaiserin zeigte er unverhohlene Freude, ließ keine offizielle Hoftrauer zu und setzte sich über die üblichen kirchlichen Zeremonien hinweg, während Katharina alle religiösen Bräuche streng einhielt, bis zu ihrem Putsch nur Trauerkleider trug und täglich am Sarge der Kaiserin, jedenfalls dem Schein nach, andächtig betete. Daß sie in ihren geheimen Briefen an Williams die Kaiserin oft geschmäht und zynische Freude über die Verschlechterung ihrer Gesundheit gezeigt hatte, wußte damals noch niemand, wenn auch so mancher es geahnt haben mochte.

Der neue russische Kaiser trug preußische Uniform, die er auch in der Garde einführte und erklärte laut, daß er den Willen Friedrichs II. „gleich dem Willen Gottes" achte. Wie erwartet, schloß Peter III. mit Friedrich dem Großen Frieden (24. April 1762). Aber wider Erwarten verzichtete er dabei auf alle Gegenleistungen und ließ dem Frieden ein Waffenbündnis folgen, das allerdings nicht mehr ratifiziert wurde. Seinen Onkel, den unfähigen Holsteinischen Prinzen Georg, ernannte er zum russischen Feldmarschall mit dem höchsten Rang in der ganzen Armee und traf Vorbereitungen, um das russische Kaiserreich der Holsteinischen Frage wegen in einen Krieg mit Dänemark zu verwickeln. Schließlich äußerte er die Absicht, die russischen Garden überhaupt abzuschaffen und sie durch Holsteinische Regimenter zu ersetzen. Ungeniert gab er seiner Mißachtung der Russen und alles Russischen öffentlich Ausdruck, traf Anstalten, die Ikonen aus den Kirchen zu entfernen, die zahlreichen Privatkapellen zu schließen, das farbenprächtige Ornat der orthodoxen Geistlichen durch schwarze (protestantische) Röcke zu ersetzen und anderes mehr. Bei offiziellen Gelegenheiten benahm sich der Kaiser so, daß den anwesenden Russen „sich das Herz mit Blut übergoß aus Scham vor den ausländischen Ministern" (Bolotow), und seine eigene Frau beschimpfte er an offener Tafel.

Alles das festigte in Katharina den Entschluß zu einem Staatsstreich. Sie wußte sehr wohl, daß Peter nicht nur närrisch, taktlos und infantil, sondern auch feige und nicht fähig zu einem ernsten Widerstand war, auch nicht zum Schutz seiner selbst.

Bereits ein halbes Jahr nach der Thronbesteigung Peters war die allgemeine Stimmung so eindeutig gegen den Kaiser, daß seine Entthronung kaum mehr ein Risiko in sich barg. Katharina hatte im stillen alles getan, um die öffentliche Meinung darauf vorzubereiten. Dabei beschränkte sie sich nicht darauf, unter den Gardeoffizieren für sich Stimmung zu machen, sondern kümmerte sich auch um die Mannschaften. Aus ihrer jahrelangen Erfahrung in Rußland wußte sie, wie man das macht und ließ den durch die Exerzierwut des Kaisers verärgerten Soldaten in ihrem Namen „ein Gläschen Schnaps nach den ermüdenden Exerzitien" zukommen (wobei das Diminutiv durch die Eigenheit der russischen Sprache und nicht durch das Volumen des Glases zu erklären ist). „Les esprits des gardes étaient préparés", schrieb Katharina später. Die für eine solche Propaganda unerläßlichen Geldmittel, über die sie selbst nicht verfügte, beschaffte sie sich in alter Weise von den Engländern.

Der unblutige Putsch

Unter den Gardeoffizieren hatte sich eine geschlossene Gruppe von Verschwörern mit den fünf Brüdern Orlow an der Spitze gebildet, deren Plan es war, nach dem bewährten Muster Petersburger Palastrevolutionen den Kaiser in seinen Räumen zu verhaften und für abgesetzt zu erklären und damit den Vorgang auf den Kaiserpalast zu beschränken. Dieser Plan kam nicht zur Ausführung, da Peter III. unerwartet Petersburg verließ und sich in die Sommerresidenz Oranienbaum am Finnischen Meerbusen etwa 40 Kilometer außerhalb der Stadt begab. Infolgedessen wurde die Aktion gegen den Kaiser aus den Mauern des Palastes heraus auf die Kasernenhöfe der Garden und auf die Straßen von Petersburg getragen.

Der Zeitpunkt für den Putsch war durch den Befehl Peters III. an die Garden gegeben, sich für einen Abmarsch zum Feldzug gegen Dänemark bereit zu halten. Außerdem wurde mit der Möglichkeit einer Festnahme Katharinas und ihrer Internierung in ein Kloster gerechnet. Den letzten Ausschlag für den überstürzten Beginn der Aktion gab aber die Verhaftung eines der verschworenen Offiziere namens Passek.

In einer warmen Sommernacht — vom 27. auf den 28. Juni — erschien unerwartet Aleksej Orlow, der verwegenste und gescheiteste der Brüder, im Schlafgemach Katharinas, die ihrerseits außerhalb Petersburgs in ihrer zwangsweisen Isolierung unweit von Oranienbaum in Peterhof wohnte. Orlow holte sie mit den Worten aus dem Bett: „Es ist Zeit, sich zu erheben; alles ist bereit, Sie zu proklamieren."

Katharina zögerte nicht einen Augenblick. Aus ihrer eigenen Bemerkung, daß sie keine Zeit mehr gehabt hätte, Toilette zu machen („je m'habillais vite sans faire de toilette") ist die Legende entstanden, daß sie ihren Siegeszug im Negligé und ungekämmt angetreten habe. In Wirklichkeit hatte sie ein schlichtes schwarzes Kleid an.

Von Peterhof jagte Katharina in einem solchen Tempo, daß unterwegs die Pferde wegen Erschöpfung gewechselt werden mußten, nach Petersburg, wo der zweite Orlow, Grigorij, ihr Geliebter, sie empfing und geradewegs in die Kaserne des Ismailowschen Garderegiments führte, dessen Kommandeur ihr persönlicher Verehrer Graf Kyrill Rasumowskij war.

Als Liebhaber hatte Katharina ihn zwar nicht akzeptiert, jedenfalls, weil sie ihn zu alt fand (er war gleichaltrig mit ihr), aber als prominenter Akteur bei ihrer Thronerhebung war er ihr um so mehr willkommen. Rasumowskij hatte bereits vorsorglich ein Manifest der Thronbesteigung drucken lassen. Im Sinne Katharinas, die sich nicht damit begnügen wollte, Regentin für ihren Sohn zu sein, war den Ereignissen vorgreifend darin gesagt, daß ihre getreuen Untertanen ihr als „Kaiserin und Selbstherrscherin von ganz Rußland" bereits den Treueid geleistet hätten. Das mußte nun auch geschehen.

Rasumowskij begann selbst damit, zusammen mit seinem Regiment und freudig unterstützt von der Regimentsgeistlichkeit. Nun rollte das weitere gleichsam selbsttätig, erstaunlich schnell, glatt und widerstandslos ab. Von einem Kasernenhof ging es in den anderen, wo das gleiche Schauspiel sich mit viel Geschrei wiederholte. Dann ging es in einem sich fortgesetzt vergrößernden Zuge auf die Straßen der Stadt. „In wahrer Freudenraserei" (dans une fureur de joie), wie Katharina sich selbst ausdrückte, schlossen sich die Gardekavallerie, die Offiziere und Mannschaften der Linienregimenter und immer mehr Geistliche dem Zuge an. Nur wenige Offiziere und der deutsche Pastor der evangelischen Petri-Gemeinde versuchten, eingedenk des dem Kaiser geleisteten Eides, sich der Bewegung zu widersetzen, wurden aber schnell überwunden. Einige wurden verhaftet. Blut floß überhaupt nicht, aber um so mehr Schnaps. Der Freudenraserei wurde dadurch Nahrung gegeben, daß schon am Vormittag Branntwein fässerweise dem jubelnden Volke gratis ausgeschenkt wurde.

Bereits um neun Uhr morgens betrat Katharina, umgeben von einem Schwarm von Gardeoffizieren, die überfüllte Kasan-Kathedrale. Die hohe Geistlichkeit folgte dem Beispiel der Regimentsgeistlichen, und unter feierlichem Geläute der Glocken wurde die neuproklamierte Kaiserin als Selbstherrscherin Katharina II. in der Kirche gesegnet. Anschließend leisteten die im Winterpalais versammelten hohen Würdenträger des Reiches, sofern sie in Petersburg waren, die Glieder des Senates und des Heiligen Synods, die Hofchargen und Generäle der Kaiserin den Treueid. Gleichzeitig wurde das nunmehr sachlich zutreffende Manifest Katharinas überall bekanntgegeben. Bereits um zehn Uhr morgens war die Aktion der Thronbesteigung Katharinas perfekt.

Damit konnte es aber seine Bewandtnis nicht haben. Die ursprünglich als erster Akt des Dramas vorgesehene Absetzung Peters III. mußte jetzt als zweiter Akt folgen.

Es ist sehr wahrscheinlich, daß viele Untertanen Katharinas, als sie ihr den Eid leisteten, der Meinung gewesen sind, daß ihr Gatte nicht mehr am Leben sei. Niemand fragte nach ihm. Im Manifest war von ihm mit keinem Worte die Rede. Katharina erklärte darin nur in undurchsichtiger Formulierung, daß „Wir endlich gedrungen wurden, zu Gott und zu Seiner Gerechtigkeit Zuflucht zu nehmen und, da Wir das offenbare und ungeheuchelte Verlangen aller Untertanen wahrgenommen, so haben Wir Unseren souveränen russischen kaiserlichen Thron bestiegen".

Wie Katharina ihre Thronbesteigung von langer Hand und systematisch selbst vorbereitet hatte, so behielt sie auch während der Aktion selbst das Heft in ihrer Hand. „In patriotischer Anpassungsfähigkeit" (Fleischhacker) fand sie sich sehr schnell in die neue Situation und entging der Gefahr, zum Objekt in den Händen ihrer Anhänger oder zum Opfer der Ereignisse zu werden.

In ihren Memoiren hat Katharina sich selbst als „aufrichtigen treuen Ritter von viel mehr männlichem als weiblichem Geist" bezeichnet. Ihre maskulinen Eigenschaften stellte sie am Tage ihres Putsches unter Beweis. Unerschrocken, umsichtig, mutig und entschlossen steuerte sie klar und kühl rechnend ihrem erstrebten Ziele zu und widerstand der Versuchung, sich dem Trubel und dem Triumph des Augenblickes hinzugeben. Sie hat an diesem turbulenten Vormittag fortgesetzt eigenhändig geschriebene Weisungen nach allen Seiten hin versandt und hat dadurch u. a. die Festung Kronstadt rechtzeitig für sich gewonnen, ein Umstand, der für die Absetzung Peters entscheidend werden sollte. Sie hat durch entsprechende Weisungen an den Gouverneur von Riga dem vorgebeugt, daß ihr Gatte von Livland aus eine Gegenaktion in die Wege leite. Schließlich hat sie persönlich die Absetzung ihres Gatten erzwungen.

Noch am Abend des gleichen Tages setzte sie sich, auf einem Schimmel reitend, in der Uniform eines Obersten und mit einem Säbel in der Hand, an der Spitze der Garden zum „Feldzug nach Peterhof" in Marsch, wie sie sich großsprecherisch ausdrückte. Dort vermutete sie den „gewesenen Kaiser". Neben ihr ritt in strahlender Schönheit die charmante und junge, eben erst neunzehn Jahre alt gewordene Fürstin Katharina Romanowna Daschkowa, die nicht von der Seite der Kaiserin wich und deren Anwesenheit dem Unternehmen erst den Charakter einer „echten Damenrevolution" gab (Kljutschewskij).

Peter III. hatte erst am Nachmittag dieses Tages gerüchtweise vom Umsturz in Petersburg erfahren. In seiner Umgebung befanden sich zahlreiche hohe Würdenträger des Reiches wie der Kanzler Woronzow, der Vizekanzler Golizyn und der Feldmarschall Münnich; wie gewöhnlich war auch der preußische Gesandte Baron von der Goltz bei ihm. Als über Gegenmaßnahmen beraten wurde, schlug der neunundsiebzigjährige Münnich dem vierunddreißigjährigen, auf seinen preußischen Generalsrang besonders stolzen russischen Kaiser vor, sich unverzüglich nach Petersburg zu begeben, vor seine Truppen und vor das Volk zu treten und auf seinem unbezweifelbaren Recht zu bestehen. Doch Peter III. war zu feige dazu; er dachte nur an die eigene Sicherheit. Nach einem vergeblichen Versuch, sich unter den Schutz der — bereits zu Katharina übergegangenen — Festung Kronstadt zu stellen, verzichtete er sogar auf eine Flucht über Livland nach Preußen, wozu ihm Goltz geraten hatte. Halb ohnmächtig und laut Berichten vor Aufregung kaum fähig zu sprechen, kehrte er nach Oranienbaum zurück.

Der „Feldzug nach Peterhof" hat Katharina zwar keine militärischen, wohl aber manche moralischen Triumphe eingebracht. Einer der Großen des Reiches aus der Umgebung Peters III. nach dem anderen verließ den jämmerlichen Kaiser unter dem Vorwand, den Stand der Dinge in Petersburg erkunden zu wollen. So erschienen zuerst der Kanzler, dann der Vizekanzler, mehrere Senatoren und hohe Generäle bei Katharina und huldigten ihr. Ihrem Gatten schickte die neue Kaiserin eine selbstentworfene Abdankungsurkunde, die er abschreiben und unterzeichnen sollte. Er tat es sofort. Die entscheidenden Sätze dieser Urkunde lauten:

„In der kurzen Zeit meiner Selbstherrschaft ... habe ich wirklich deren Schwere und Last erkannt, die meinen Kräften nicht entspricht ... Ich erkläre ohne Haß und ohne Zwang hiermit feierlich nicht nur dem Russischen Reich, sondern aller Welt, daß ich für mein ganzes Leben der Regierung über das Russische Reich entsage. Solange ich lebe, will ich weder als Selbstherrscher noch in irgendeiner anderen Form über das Russische Reich herrschen und will niemals und mit niemandes Hilfe danach trachten. Das schwöre ich aufrichtig und ohne Heuchelei vor Gott und der ganzen Welt."

Bemerkenswert ist dabei, daß der gewesene Kaiser seinen Verzicht in dieser kurzen Urkunde gleich zweimal aussprechen und diese Erklärung — wiederum zweimal — „vor aller Welt" abgeben mußte. Man erkennt den Stil der stets auf das Echo der Weltöffentlichkeit bedachten Katharina. Bemerkenswert ist ferner, daß auch eine Mitregierung ausdrücklich ausgeschlossen wurde. Jedenfalls hatte Peter sich entsprechende trügerische Illusionen gemacht. Bezeichnend ist schließlich, daß Peter III. nie als der Gemahl der neuen Kaiserin bezeichnet wird.

Nachdem er das Dokument unterzeichnet hatte, wurde Peter verhaftet und bis zur Bereitstellung eines Quartiers in der Festung Schlüsselburg auf das Landgut Ropscha unter Bewachung des damals fünfundzwanzigjährigen Aleksej Orlow gebracht.

In Petersburg wurde das freudige Ereignis ausgiebig begossen. Das Volk und besonders die sich als Helden des Tages fühlenden Gardesoldaten begnügten sich dabei nicht mit dem aus den staatlichen Magazinen gratis gelieferten Schnaps, sondern plünderten zusätzlich noch die privaten Schnapsläden. Zwei Jahre später hat die Kaiserin den so Geschädigten eine Abfindung in Höhe von 24300 Rubeln zahlen müssen.

Das blutige Nachspiel

Katharina hat ihren Gatten nicht mehr gesehen. Sie erhielt allerdings noch einige klägliche Briefe von ihm. Er flehte sie darin an, ihm „seinen einzigen Trost", nämlich seine Maitresse, die Gräfin Woronzowa (die unintelligente und häßliche ältere Schwester der Fürstin Daschkowa), zu lassen. Katharina lehnte das, wie sie behauptete, „um einen Skandal zu vermeiden" ab. Dagegen erfüllte sie ihm drei andere Wünsche und schickte ihm seine Geige, seinen Mops und — klugerweise — auch seinen Arzt.

Eine Woche später gab die Kaiserin folgendes Manifest bekannt:

„Am siebenten Tage, nachdem Wir den allrussischen Thron bestiegen hatten, erhielten Wir die Nachricht, daß der gewesene Kaiser Peter III. . . . an einer schweren Kolik erkrankt sei. Unserer Christenpflicht eingedenk und des Heiligen Gebotes, welches Uns die Sorge um das Leben des Nächsten zur Pflicht macht, befahlen Wir, sofort alles zum ihm zu schicken, was . . . zu schneller ärztlicher Hilfe nötig war. Aber zu Unserer größten Trauer und Herzensbetrübnis erhielten Wir gestern abend die Nachricht, daß er nach dem Willen des Allerhöchsten Gottes verschieden ist."

Es fiel den Zeitgenossen in Rußland wie im Auslande sehr schwer, an die Richtigkeit dieser Darstellung zu glauben. Daß die Herzensbetrübnis geheuchelt war, daran zweifelte niemand. Auch Katharinas Sohn Paul hat bis zum Tode seiner Mutter geglaubt, daß sie seinen Vater hat umbringen lassen. Nach ihrem Tode fand er in ihrem Schreibtisch die Berichte Aleksej Orlows aus Ropscha, die sie jedenfalls bedingt entlasten. Orlow schrieb:

„2. Juli: . . . Unser Scheusal ist krank geworden und ich fürchte, er könnte in dieser Nacht noch sterben, aber ich fürchte noch mehr, er könnte wieder aufleben . . ."

„6. Juli: Matuschka, barmherzige Kaiserin! Wie soll ich erklären, beschreiben, was geschehen ist. Du wirst Deinem treuen Knecht nicht glauben, aber wie vor Gott werde ich die Wahrheit sagen. — Matuschka! Ich bin zum Tode bereit, aber ich weiß selbst nicht, wie das Unheil geschehen ist. Matuschka! Er weilt nicht mehr auf der Welt . . . Er kam bei Tisch mit Fürst Barjatinskij in Streit; wir konnten sie nicht mehr auseinanderbringen und schon war er nicht mehr. (Jewo ushe ne stalo.) . . . Habe Gnade mit mir und sei es um meines Bruders willen . . . Ich mag das Licht nicht sehen. Wir haben Dich erzürnt und unsere Seelen auf ewig ins Verderben gestürzt."

Um den sofort aufgekommenen Verdacht eines Giftmordes zu entkräften, ließ Katharina Peters Leiche sezieren, aber man „fand nicht die leiseste Spur einer Vergiftung". Jedenfalls ist Peter III. erdrosselt worden. Der Auftrag, einen Erwürgten nach Gift untersuchen zu lassen, meint (1957) Hedwig Fleischhacker, entsprach völlig dem politischen Charakter Katharinas.

Es ist anzunehmen, daß die soeben durch einen Staatsstreich auf den Thron gelangte Kaiserin die Ermordung ihres gestürzten Gatten nicht ausdrücklich verlangt hat. Aber ihre Umgebung wußte, daß sie „die Beseitigung Peters als eine Notwendigkeit anerkannte" (Bilbassow). So kam ihr dieser Tod ohne allen Zweifel sehr gelegen, auch wenn sie sich bewußt war, daß sie von der öffentlichen Meinung der Welt des Gattenmordes verdächtigt wurde. Sie hat sich eifrig bemüht, sich vom Verdacht zu reinigen, hat nicht nur die im Herzen Betrübte, sondern auch die Großmütige gespielt und ihre „getreuen Untertanen" mit „mütterlichen Worten" aufgefordert, „ohne Groll von seiner sterblichen Hülle Abschied zu nehmen und für die Rettung seiner Seele andächtige Gebete zu Gott emporzusenden". Erstaunlicherweise hat sie die Leiche später öffentlich zur Schau stellen lassen, obgleich nach zahlreichen übereinstimmenden Zeugnissen das Gesicht des Toten ganz schwarz und sein Hals bis an die Ohren hinauf mit einer seidenen Schärpe bedeckt war.

An der Beerdigung des Ermordeten hat sie allerdings nicht teilgenommen. Nach außen wurde das durch eine Gefährdung ihrer Gesundheit — im Juli! — begründet. Panin bat in aller Form den Senat, er möchte „in seiner Fürsorge für Ihre Majestät Ihr alleruntertänigst Vorstellung machen", der Beerdigung fernzubleiben. Der Senat entsprach Panins Wunsch und die Kaiserin fügte sich.

Peter III. wurde im Boden der Kirche des Alexander Newskij Klosters beigesetzt, ohne Leichenstein und ohne Aufschrift. Keiner der an dem Vorfall von Ropscha Beteiligten wurde bestraft, aber vielen hat Katharina nach Ablauf einiger Zeit „milde Barmherzigkeit" erwiesen. Die Brüder Orlow wurden in den Grafenstand erhoben. Der Leutnant Aleksej Orlow wurde zum Second-Major des Preobrashensker Garderegimentes mit dem Rang eines Generalmajors befördert und erhielt von seiner gnädigen Kaiserin 800 Seelen, d. h. leibeigene Bauern, geschenkt.

Auf dem Kaiserthron

Mit ihrem Putsch hatte Katharina alles erreicht, was sie erreichen wollte: sie war selbstherrschende „Kaiserin von ganz Rußland" (Imperatriza Wserossijskaja). In seinem Ablauf ähnelte ihr Staatsstreich in mancher Hinsicht früheren Palastrevolutionen, besonders dem Putsch Elisabeths. Seinem Wesen nach lag aber ein vollständig anderer Vorgang vor.

Die Tochter Peters des Großen hatte als legitime Nachfolgerin einen rechtmäßigen Zustand hergestellt. Katharina hatte den rechtmäßigen Erben — ihren Sohn Paul — übergangen und ohne jeden Rechtsanspruch den Thron okkupiert. Es gab in der russischen Geschichte nur einen Präzedenzfall dafür. Auch ihre Namensschwester Katharina I., die Frau Peters des Großen, hatte den Thron ohne eigenen Rechtsanspruch gewonnen. Aber Katharina I. hatte es nicht aus eigener Initiative getan, sondern war ein Werkzeug in den Händen anderer, vor allem Menschikows gewesen, der die faktische Macht mit der Inthronisierung seiner früheren Geliebten in seine Hände genommen hatte. Außerdem war Katharina I. von ihrem Mann, wenn auch nicht zur Nachfolgerin designiert, so doch in aller Form zur Kaiserin gekrönt worden.

Bei Katharina II. lagen die Dinge vollständig anders. Sie hatte auf eigene Initiative, um die Herrschaft in ihre Hände zu nehmen, eine echte Revolution durchgeführt. Diese Tatsache, sowie das dunkle Ende Peters III. waren für sie von vornherein eine Belastung, die, wenn auch mit den Jahren abgeschwächt, faktisch bis an ihr Lebensende bestanden hat.

Katharina selbst wollte, erst einmal auf den Thron gelangt, durchaus nicht als Revolutionärin erscheinen. Aus ihren zahlreichen Kundgebungen geht deutlich hervor, daß ihr an zwei Dingen sehr viel gelegen war: am Schein der Legitimität und am Schein der Selbstlosigkeit. In ihren Manifesten bezeichnet sie sich stets als „angestammte Kaiserin" und hat mit eiserner Konsequenz Peter den Großen ihren „geliebten Großvater" genannt und das so oft wiederholt, daß ihre Untertanen wahrscheinlich mit der Zeit auch geglaubt haben, daß Peter tatsächlich ihr Großvater war. Wie viele andere Usurpatoren bis in unsere Tage hinein hat sie in langatmigen und wortreichen Botschaften immer wieder versichert, daß ihre Thronbesteigung nicht „zu Unserem Vergnügen, sondern zum Ruhme Rußlands" erfolgt sei, und daß sie sich selbst dabei „unter Anrufung Gottes dem geliebten Vaterlande zum Opfer gebracht" habe.

In starker Übertreibung stellte sie ihren Staatsstreich als eine Errettung des Vaterlandes, der schon „mit Füßen getretenen Staatsehre" und des Glaubens dar und ließ in Erinnerung an diesen Tag eine Münze mit der Aufschrift prägen: „Für die Rettung des Glaubens und des Vaterlandes".

Wie sehr man in weiten und einflußreichen Kreisen Rußlands geneigt war, ihr dabei willig zu folgen, geht aus den Worten hervor, die der Metropolit von Nowgorod anläßlich ihrer Krönung sprach: „Wir wissen und sagen es einmütig, daß weder Dein Haupt nach der Kaiserkrone noch Deine Hand nach dem Szepter getrachtet hat, daß Du weder die höchste Macht noch verächtliche Schätze gesucht hast. Allein Deine mütterliche Liebe für das Vaterland, Dein Glaube an Gott, Dein Mitleid mit den leidenden Kindern Rußlands haben Dich gedrängt, dieses Große im Dienste Gottes auf Dich zu nehmen." — Wahrscheinlich wußte der Metropolit ebensogut wie Katharina selbst, daß davon auch nicht ein einziges Wort der Wahrheit entsprach.

Natürlich begnügte sich Katharina nicht mit einer Selbstreklame durch Worte. Vom Tage, ja man kann sagen von der Stunde ihrer Inthronisierung an hat sie eifrig strebend sich bemüht, ihre Machteroberung auch durch Taten zu rechtfertigen. Die Tatkraft, Umsicht und Arbeitsfreudigkeit, mit der sie sich sogleich in ein ihr zum Teil völlig fremdes Tätigkeitsfeld stürzte, hat etwas Großartiges. Darin stach sie sehr merklich, und von ihrer Umgebung auch schnell bemerkt, sowohl von ihrem närrischen Gatten wie von der lethargischen Elisabeth ab.

Auch wenn Katharina es nicht nachträglich versichert hätte,

wäre allein ihr praktisches Verhalten nach dem Putsch Beweis genug dafür, wie eingehend sie sich selbst darauf vorbereitet hatte, nicht nur — wie seinerzeit Elisabeth — die Macht und die Herrschaftsrechte zu gewinnen, sondern — anders als Elisabeth — diese Rechte in vollem Umfang auch selbst auszuüben.

In der Art ihres Vorgehens ist sie in mancher Hinsicht mit ihrem revolutionären Nachfahren Lenin vergleichbar. Wie dieser 150 Jahre später, so hat sie von dem Augenblick an, da sie die Macht in ihren Händen hielt, bestimmend in die Entwicklung der Ereignisse eingegriffen. Die erste Zeit ihrer Herrschaft, als sie — wie Lenin — noch keineswegs fest im Sattel saß, ist ohne Zweifel die produktivste in ihrer Regierungstätigkeit gewesen. Man kann ohne Übertreibung sagen, daß fast alle Maßnahmen ihrer späteren Regierungstätigkeit, sowohl in der Außen- wie in der Innenpolitik, in ihren Ansätzen auf das erste halbe Jahr, zum großen Teil auf den ersten Monat, zum Teil auch auf den ersten Tag ihrer Regierung zurückgehen.

Widerstände

Trotz des Beifalls, den Katharina von Anfang an zu gewinnen verstand, war ihre Stellung als Selbstherrscherin in den ersten zwei Jahren ihrer Regierung keineswegs gesichert. Aus dieser Zeit haben ausländische Beobachter — die preußischen Gesandten von der Goltz und Graf Solms und der sächsische Gesandte Graf Sacken — immer wieder von der wachsenden Unzufriedenheit mit der Kaiserin, ja von einem „Murren fast der ganzen Nation" berichtet. Graf Solms prophezeite sogar, daß die Regierung Katharinas, wie die Peters III., nur eine vorübergehende Erscheinung bleiben und bald durch eine Palastrevolution ihr Ende finden werde.

Wenn diese Berichte die faktische Sachlage auch übertrieben, so ist doch unbezweifelbar, daß sich sehr bald nach ihrer Thronbesteigung ernste Widerstände regten. Es sind damit nicht die

Bauernunruhen und -aufstände gemeint, die in Rußland bereits zur Regel geworden waren, als solche nicht mehr auffielen und gleichsam zum allgemeinen Bilde gehörten. Diese setzten sich zunächst im gewohnten Rahmen fort, um Ende der sechziger Jahre allerdings einen ungewöhnlichen Umfang anzunehmen. Hier sind die Widerstände in den führenden und für die Position der Kaiserin ausschlaggebenden Kreisen gemeint. In wie hohem Maße Katharina auf die Unterstützung der Gardeoffiziere, die sie auf den Thron gebracht hatten, angewiesen war, geht aus einer Äußerung Grigorij Orlows hervor, der die Kühnheit hatte, ihr ins Gesicht zu sagen, daß er sie im Laufe eines Monats wieder vom Throne stürzen könnte, wenn er nur wollte. So sehr sie sich bemühte, diesem Umstand Rechnung zu tragen und besonders den Wünschen des Adels willfährig zu sein, so gaben andererseits ihre Leichtfertigkeit im persönlichen Leben wie in der Politik und ihre Selbstherrlichkeit Anlaß genug zu Unwillen. Ihr Tageslauf war nach den Worten des britischen Gesandten Lord Buckingham „ein Gemisch von leichtfertigen Vergnügungen und intensiver Beschäftigung mit den Staatsangelegenheiten", und bei der Erledigung der Geschäfte reizte die herablassende Art, mit der sie ihre Minister behandelte (La hauteur avec laquelle elle traite ces ministres).

Ihr Putsch hatte unter der Devise einer russischen Reaktion gegen die Bevorzugung der Ausländer, zumal der Holsteiner gestanden. Aber sie selbst war „une fille d'un générale prussien" und mit den Holsteinern nahe verwandt. Die Echtheit ihres jetzt noch stärker als früher betonten Wahlrussentums wollte manchen Russen nicht recht einleuchten. Auch ihre Leidenschaft für den orthodoxen Glauben war nicht unbedingt überzeugend; man warf ihr vor, daß sie heuchle und sich in Wirklichkeit über ihre Religion lustig mache.

Bereits vier Monate nach ihrer Thronbesteigung (Oktober 1762) kam es unter den Offizieren desselben Ismailower Garderegiments, das ihr als erstes gehuldigt hatte, zu einer Aktion gegen die neue Kaiserin zugunsten eines anderen noch lebenden Prätendenten. Ein Abkömmling der älteren Linie der Romanows, Iwan VI., Urenkel von Peter des Großen älterem Bruder Iwan (vgl. Stammtafel), der als Baby auf den Thron erhoben, dann aber von Elisabeth wieder abgesetzt worden war, lebte noch als Gefangener in der Festung Schlüsselburg, wahrscheinlich in geistiger Umnachtung, was aber seine Anhänger nicht wußten. Die Verschwörung, an deren Spitze ein Leutnant Chruschtschow stand, wurde aufgedeckt; Chruschtschow wurde auf ausdrücklichen Befehl Katharinas, aber ohne Erfolg gefoltert und vom Gericht zum Tode verurteilt. Katharina hat — „da Unser gefühlvolles Herz Zorn und Härte nicht zulassen kann" —, das Urteil klugerweise gemildert und in lebenslange Verschickung nach Sibirien umgewandelt.

Eine andere offene Auflehnung fand in der Gardekavallerie statt, als einige Offiziere mit dem Kammerjunker Chitrowo an der Spitze eine Aktion gegen die Orlows einleiteten (es hatte sich das Gerücht verbreitet, daß die Kaiserin Grigorij Orlow heiraten wolle). Sie griffen dabei auf den alten Gedanken zurück, Katharina nur die Regentschaft für ihren Sohn Paul zu lassen. Gegen den Gardeoffizier Chitrowo zeigte sich Katharina — „bei Unserer angeborenen Menschenliebe" — noch milder als gegen den Gardeoffizier Chruschtschow und verbannte ihn (ohne Gerichtsurteil) nur auf sein Landgut. Es war offenbar, daß sie die Garde nicht zwingen, sondern gewinnen wollte. Das ist ihr auch gelungen. In die Angelegenheit Chitrowo war übrigens auch die Fürstin Daschkowa verwickelt. Auch ihr gegenüber zeigte sich die Kaiserin recht milde: die Fürstin wurde mit ihrem Gatten strafversetzt.

In einem anderen Fall griff Katharina allerdings hart zu. Ein ukrainischer Offizier namens Mirowitsch versuchte (Juli 1764) Iwan VI. mit Gewalt aus Schlüsselburg zu befreien, um ihn auf den Thron zu erheben. Der Anschlag mißlang, und im Zuge der Aktion wurde Iwan VI., entsprechend einer Geheiminstruktion Panins, von seinen Wächtern erstochen. An diesem Mord hat Katharina jedenfalls keinen Anteil gehabt. Aber wie der Tod ihres

Gatten zwei Jahre früher, so kam ihr auch dieser Tod sehr gelegen. Nun gab es außer ihrem zwölfjährigen Sohn, den sie unter ihrer Kontrolle hatte, keinen rechtmäßigen Thronprätendenten mehr. Vielleicht um ihre Genugtuung über dieses Ergebnis zu tarnen, ließ Katharinas gefühlvolles Herz doch Härte zu: Mirowitsch wurde einer öffentlichen Exekution zugeführt. Das hatte es seit der Thronbesteigung Elisabeths in Rußland nicht mehr gegeben.

Katharina stieß auch in anderen Kreisen auf Widerstand. Wie bereits erwähnt, legte sie großen Wert darauf, als Beschützerin des Glaubens und als Verteidigerin kirchlicher Interessen zu erscheinen. Im Zuge der Aufhebung der kirchenfeindlichen Erlasse ihres Gatten machte sie auch die von ihm verfügte Säkularisation des Kirchen- und Klosterbesitzes wieder rückgängig und gewann dadurch den Beifall und die ihr sehr wichtige Unterstützung der Geistlichkeit. Andererseits wollte sie auf die im Interesse des Staates und ihrer selbst sehr willkommenen Einnahmen aus dem geistlichen Besitz nicht verzichten.

Nachdem der Widerstand der Offiziere gebrochen und die Garden endgültig gewonnen waren und sie ihre Stellung nicht mehr gefährdet sah, gab sie Instruktionen über die Verwaltung des geistlichen Besitzes heraus, die zu den Versicherungen ihrer Manifeste in offenbarem Gegensatz standen. Während das Gros der Geistlichkeit das hinnahm, begehrte der Erzbischof von Rostow, Arssenij Mazejewitsch, ein streitbarer Ukrainer, dagegen auf. In zahlreichen Eingaben an die oberste Kirchenbehörde, den Heiligen Synod, setzte er sich in scharf zugespitzten Formulierungen für die Erhaltung des geistlichen Besitzes ein, erinnerte in unmißverständlicher Anspielung an Julian Apostata und verfluchte alle Kirchenräuber. Katharina ließ es auf eine Kraftprobe ankommen und verlangte vom Synod die Aburteilung des Erzbischofs (April 1763). Die Mitglieder des Synods erwiesen sich als willfährige Werkzeuge der Kaiserin und verurteilten Arssenij wegen fortgesetzter Beleidigung Ihrer Majestät zu lebenslangem Kerker und Verlust seiner Ämter und Würden, obgleich Arssenij

Die Krönung Katharinas in Moskau (1762).

(Historia-Photo)

Fürst Grigorij Alexandrowitsch Potjomkin.

(Historia-Photo)

— wenn auch in höchst unkluger Form — das vertreten hatte, was in kluger Form zu vertreten Aufgabe des Synods war.

Nach dieser Erfahrung mit dem Heiligen Synod ging Katharina in einer Weise vor, die den Eindruck erweckt, als wären die modernen Autokraten des zwanzigsten Jahrhunderts bei ihr in die Schule gegangen. Die Willfährigkeit der Synodsgeistlichen wurde schlecht belohnt. Katharina dankte ihnen nicht etwa dafür, sondern verhöhnte sie ihres „sklavischen Sinnes“ wegen und holte gleichzeitig zum entscheidenden Schlag gegen die Besitzinteressen der Geistlichen aus. „In verwegener Sicherheit und frecher Aufrichtigkeit“ (Bilbassow) kanzelte sie die versammelten Glieder des Synods dafür ab, daß sie — besitzlich waren. „Wie könnt Ihr Euch erdreisten, ohne die Pflicht Eures Amtes zu verletzen und von Eurem Gewissen gemahnt zu werden, so große Reichtümer und so unbegrenzte Ländereien zu besitzen, daß Eure Macht der kaiserlichen Macht gleichkommt!“ — Dann verfügte sie die zwei Jahre vorher von ihr als frevelhaft bezeichnete Säkularisation des Kirchenbesitzes (26. Februar 1764). Hierbei zeigte sich die Kaiserin bereits im vollen Besitz der autokratischen Macht.

Selbstherrscherin

Der Umstand, daß Katharina sich seit 1764 in ihrer Stellung gesichert fühlte, und daß seither ihre Selbstherrschaft unerschütterlich und bis zu ihrem Tode auch unerschüttert stabilisiert war, ist für die folgenden zweiunddreißig Jahre ihrer Regierung von entscheidender Bedeutung gewesen. Nicht nur die Atmosphäre des Hofes und der für diese Zeit typisch gewordene Geist, nicht nur die Personalpolitik, auch die Reichspolitik stand im hohen Grade im Zeichen ihrer Persönlichkeit. Alles was geschah, aber auch was nicht geschah, was geleistet und was versäumt wurde, geht letztlich auf sie zurück. Insofern glich sie ihrem Vorbild Peter dem Großen. Gleichwohl unterschied sie sich nicht nur als Persönlichkeit, sondern als historische Gestalt, d. h. in ihrer geschichtlichen Wirkung, sehr merklich von ihm.

Peter der Große hatte sein Reich von Grund auf verändert, auch wenn die Ansätze zu seinen Neuerungen weiter in die Vergangenheit zurückreichen. Das gleiche kann man von Katharina nicht sagen. Bei aller Tatenlust und Initiativfreudigkeit ging eine umbildende Wirkung von ihr nicht aus; bei aller geistigen Regsamkeit und praktischen Tüchtigkeit war sie keine schöpferische Natur. Sie richtete ihren Blick — anders als Peter der Große — in erster Linie auf unmittelbar zu erreichende Erfolge in der Außenpolitik gegen ihre zum Widerstand kaum mehr fähigen, z. T. auch nicht mehr gewillten Nachbarn, Polen und die Türkei, und in der Innenpolitik auf Kosten der desgleichen zu einem ernsten Widerstand nicht fähigen, wenn auch immer wieder aufbegehrenden Massen des Volkes, der Bauern.

Es war schon den Zeitgenossen aufgefallen, daß die Kaiserin sehr zurückhaltend damit war, „ehrliche, kenntnisreiche, staatskluge und mit den Regierungsgeschäften vertraute Männer“ als Ratgeber in ihre nächste Umgebung zu ziehen. Sie gab damit schon sehr früh ihr persönliches Geltungsbedürfnis und ihre Herrschsucht zu erkennen, die sie dazu bewogen haben, zeitlebens zu starken Persönlichkeiten Distanz zu halten, ihnen keinen entscheidenden Einfluß einzuräumen und sich selbst mit ihren eigenen Kreaturen zu umgeben. Wohl rief sie gleich nach ihrem Regierungsantritt ihren früheren Mitverschworenen gegen Peter III., den bereits siebzigjährigen ehemaligen Großkanzler Bestushew aus seiner Verbannung wieder zurück, aber machte ihn ebensowenig zum leitenden Staatsmann wie den jüngeren, damals fünfundvierzigjährigen, wenn auch faulen, so doch nicht minder erfahrenen und klugen Nikita Panin, auch ein Mitverschworener gegen ihren Gatten. Panin wurde als Vorsitzender des Collegiums für auswärtige Angelegenheiten Leiter der Außenpolitik, aber nicht Großkanzler. Die tatsächliche Leitung behielt Katharina bis ans Ende ihrer Regierung selbst. Das ist neuerdings bezweifelt worden. Es wurde dagegen geltend gemacht, daß die Verleugnung der eigenen Urheberschaft zugunsten des Monarchen zum Stil des absolutistischen Regimes gehört habe, und daß der faktische Einfluß Panins und später Potjomkins und Besborodkos auf die Führung der Außenpolitik nicht zu unterschätzen sei (Gitermann). Gleichwohl wird man nicht bezweifeln können, daß bei aller Aufgeschlossenheit gegenüber den Ideen und Anregungen anderer die Entscheidung immer bei ihr blieb. Darin unterschied sie sich z. B. von der Königin Elisabeth von England. „Keiner von Katharinas Ministern und Favoriten erfreute sich eines solchen Einflusses wie Burleigh auf Elisabeth" (Gooch).

Personell blieb die Innenpolitik von der Außenpolitik streng getrennt — nur durch die Person der Kaiserin miteinander verbunden. Auf den für die Innenpolitik wichtigsten Posten — den des Generalprokureurs — berief Katharina den ihr völlig gefügigen Fürsten Alexander Wjasemskij, eine blasse Persönlichkeit. Wjasemskij galt als beschränkt, hatte aber den großen Vorzug, ehrlich zu sein, was um so wichtiger war, als ihm auch die Finanzverwaltung unterstand. Obgleich er 29 Jahre amtierte (1764—92), hat er so geringe Spuren hinterlassen, daß in vielen Darstellungen der Geschichte Rußlands nicht einmal sein Name genannt wird.

Bereits im zweiten Jahr ihrer Regierung (1763) hatte Katharina ihr sog. Manifest des Schweigens erlassen, in dem sie ihre „getreuen Untertanen, welche durch unruhige Gedanken angesteckt sind", mütterlich ermahnt, sich aller unnützen Reden zu enthalten und allein in ihren Berufen für sich und ihre Nächsten zu leben. „Wenn aber Unsere mütterliche Ermahnung keine Wirkung hat, dann wisse ein jeder dieser rohen Menschen, daß er ... die ganze Schwere Unseres Zornes empfinden wird als Verächter Unseres Allerhöchsten Willens". Je länger sie herrschte, um so empfindlicher bekamen ihre Untertanen die Schwere ihres Zornes zu spüren.

Die oberste Regierungsbehörde war damals der von Peter dem Großen begründete Senat, in dessen Hände unter Elisabeth die administrative und die legislative Gewalt übergegangen war. Es ist erstaunlich, mit welcher Selbstverständlichkeit und Unbeirrbarkeit Katharina die Macht der Senatoren zugunsten der monarchischen Gewalt wieder einschränkte. Noch am Tage ihres Umsturzes begann sie, den Senat mit Weisungen zu bombardieren, und gleich nach der Absetzung ihres Gatten leitete sie durch ihr Erscheinen im Senat den Übergang zu jener persönlich geführten Regierungsweise ein, die sie bis zu ihrem Tode beibehalten hat.

Ein Mittel, den Einfluß des Senates zu schwächen, war dessen Aufteilung in sechs auf bestimmte Arbeitsgebiete festgelegte Departements, deren Votum die Kaiserin gegebenenfalls überhaupt nicht einholte oder sich darüber hinwegsetzte. Sie stellte die gesetzgebende Tätigkeit des Senats unter die Kontrolle der Prokuratoren. Selbst ging sie dazu über, sog. Autoritätsukase zu erlassen, die vom Senat ohne Beratung und ohne Recht zur Gegenäußerung als Wille Ihrer Majestät ausgeführt werden mußten. Gelegentliche schüchterne Versuche einzelner Senatoren, gegen die „Erniedrigung, an die man uns gewöhnen will“ aufzubegehren, blieben erfolglos.

Die von Peter dem Großen begründeten sog. Kollegien (Reichsministerien) löste sie sukzessive auf, bis schließlich nur drei übrigblieben: das Kollegium für auswärtige Angelegenheiten, für das Heer und für die Marine. Die Existenz dieser Kollegien hinderte sie aber nicht daran, gegebenenfalls — zumal in der Außenpolitik — hinter deren Rücken ihre Entscheidungen zu treffen.

Den Grundsatz der unbedingten Zentralisation der Verwaltung behielt Katharina bei und führte „in der Fiktion, daß der absolute Herrscher alles wisse, könne und tue“ (Hoetzsch) als ihr eigener Kanzler, Minister und Reichsrat ihre Selbstregierung „aus dem Kabinett“.

Mit großer Energie arbeitete sie sich in die innere Verwaltung ein, in der sie bislang überhaupt keine Erfahrung hatte, und unternahm bereits in den ersten Jahren ihrer Regierung ausgedehnte Reisen durch ihr Reich, um durch persönlichen Augenschein Kenntnis von den wirklichen Verhältnissen zu gewinnen — seit Peter dem Großen hatte das kein Träger der Krone mehr getan —, und sehr bald begann sie mit der Selbstsicherheit des

Dilettanten auch auf diesem Gebiet, oft allerdings überstürzte Entscheidungen zu treffen.

Unermüdlich nahm sie dabei neue Anläufe. Für eine konsequente Weiterführung des einmal Begonnenen zeigte sie dagegen viel weniger Interesse, und sehr oft hat sie geräuschvoll in die Wege Geleitetes in aller Stille wieder rückgängig gemacht, bzw. in sein Gegenteil verkehrt. Sie hat sich selbst treffend als „commenceuse par profession" bezeichnet. Ihre Anläufe wurden ihr besonders im Ausland hoch angerechnet und haben ihr den erwünschten und ersehnten Beifall eingebracht. Aber schon zu ihren Lebzeiten haben aufmerksame Beobachter Zweifel darüber geäußert, ob ihr an etwas anderem überhaupt gelegen wäre.

Sie selbst hat immer wieder betont, daß alles, was sie tue, nur „aus aufrichtiger Liebe zu Unserem Vaterlande" geschieht. Gleich in der ersten Senatssitzung rührte sie die Senatoren zu Tränen mit der Erklärung, daß sie als Eigentum des Staates alles betrachte, was ihr gehöre und daß man in Zukunft zwischen ihrem persönlichen Interesse und dem des Staates keinen Unterschied machen solle. Seit sie sich auf dem Thron sicher fühlte, hat sie sich daran durchaus nicht gehalten.

Unter großem Beifall hatte sie nach ihrer Krönung verkündet (1762), daß jeder ihrer Untertanen das Recht habe, ihr persönlich Bittschriften zu überreichen. Fünf Jahre später (1767) erließ sie einen Ukas, in dem es hieß: „Wenn jemand unerlaubterweise Klagen der Kaiserin in die eigenen Hände zu geben sich erdreistet, so wird der Kläger mit der Peitsche gestraft und verschickt werden." Nach ihrem Regierungsantritt (Oktober 1762) hatte sie durch Manifest laut verkündet, daß die verhaßte „Kanzlei des peinlichen Befragens" aufgehoben, d. h. das inquisitorische Polizeiregime beseitigt werde. In Wirklichkeit hat diese Kanzlei unter einem anderen Namen und somit auch das Polizeiregime während der ganzen Dauer ihrer Regierung fortbestanden.

Auch die laut in Szene gesetzte „Heranziehung von Vertretern des Volkes zur gesetzgeberischen Tätigkeit" war im Ergebnis nicht mehr als „ein Meisterstück ihrer Regiekunst" (Wittram).

„Heranziehung von Volksvertretern"

Im vierten Jahr ihrer Regierung (1766) ließ Katharina bekanntmachen, daß sie im Rahmen einer großen Rechtsreform Volksvertreter an der Gesetzgebung beteiligen werde. Das sah nach einem Verzicht auf Selbstherrschaft aus.

Der Gedanke, die autokratische Gewalt einzuschränken, war in Rußland nicht neu. Zweiunddreißig Jahre vor Katharinas Thronbesteigung hatte eine Gruppe hoher Würdenträger — die Glieder des „Obersten Geheimen Rates" — anläßlich der Berufung der Kaiserin Anna auf den Thron (1730) vergeblich versucht, die Monarchin zum Verzicht auf die Selbstherrschaft durch sog. Punkte zu veranlassen. Nach Katharinas Thronbesteigung machte Nikita Panin, auch vergeblich, einen ähnlichen Versuch der konstitutionellen Einschränkung der Autokratie durch Schaffung eines aristokratischen Rates. Das Sensationelle war jetzt, daß derlei Bestrebungen von der Kaiserin selbst ausgingen.

Zwecks Schaffung eines neuen Gesetzbuches berief Katharina gewählte Vertreter des Volkes zu einer Großen Gesetzgebenden Kommission nach Moskau. Vertreten waren: der Adel (161 Abgeordnete), die Städte (208), die freien Bauern (79), die Kosaken (54) und die sog. Fremdvölker (34), außerdem nahmen achtundzwanzig von der Krone ernannte Glieder an der Kommission teil. Die leibeigenen Bauern waren nicht vertreten.

In völliger Verkennung der faktischen Sachlage wurde die Einberufung der Großen Kommission im Auslande, wie ein zeitgenössischer Engländer sich ausdrückte, als „das unerhörte Beispiel einer freiwilligen Übertragung der Herrschaft durch einen absoluten Fürsten an das Volk" aufgefaßt. Und Friedrich der Große, der im Unterschied zu manchen privaten Äußerungen mit öffentlichen Lobsprüchen für seine ehemalige Generalstochter recht freigebig war, hat sie wegen dieser Initiative „zwischen Solon und Lykurg placiert".

Einen geradezu revolutionären Anstrich erhielt das Vorhaben Katharinas durch eine Instruktion, die sie im geheimen geschrieben hatte und nun der Arbeit ihrer Großen Kommission zugrunde legte. Diese Instruktion, der sog. „Nakas“, war eine Frucht der Lektüre aus ihrer großfürstlichen Zeit. Sie selbst hat ihre Arbeit als Plagiat bezeichnet und gestanden, Montesquieu ausgeplündert zu haben, ohne ihn zu nennen. Zu den Geplünderten gehörten auch Beccaria (Dei delitti e delle pene), Pufendorf (De jure naturae et gentium), Grotius (De jure belli et pacis), Bielfeld (Institutions politiques) u. a. Die Autorin des Nakas hatte diese Lesefrüchte nicht etwa zu konkreten, den russischen Verhältnissen angepaßten Vorschlägen verarbeitet, sondern sich darauf beschränkt, in mehr als 500 Paragraphen mit aufgeklärten Gemeinplätzen vermischte, erhabene Grundsätze aneinanderzureihen. Im Geiste der Aufklärung war dabei viel von Freiheit, Menschenwürde, allgemeinen Menschenrechten, Toleranz und Verwerflichkeit der Unterdrückung mit so betont fortschrittlicher Tendenz und so radikalen Formulierungen die Rede, daß dieses kaiserliche Werk im königlichen Frankreich verboten wurde. Am Schluß des Nakas erklärte Katharina im Paragraph 518:

„Alles hier Gesagte wird den Schmeichlern kaum gefallen, die täglich den Herrschern wiederholen, daß die Völker nur ihretwegen erschaffen seien ... Was Uns anbetrifft, so denken Wir und rühmen Uns dessen laut, daß Wir nur um Unseres Volkes willen da sind ... Gott verhüte, daß es nach Vollendung der Gesetzgebung ein gerechteres und glücklicheres Volk gebe als das Unsrige!“

Es war von vornherein klar, daß die hier verkündeten Grundsätze ohne Beziehung zur russischen Wirklichkeit in Rußland zu einer Abstraktion werden mußten, an deren praktische Realisierung nicht gedacht werden konnte. Jedenfalls ist das auch Katharina bewußt gewesen. „Das sind Axiome zum Einreißen von Mauern“ (ce sont des axiomes à renverser des murailles) hat Panin über den Nakas gesagt; aber die Mauern, auf denen der Staat und die Selbstherrschaft ruhten, wollte Katharina durchaus nicht einreißen. Sie hat dem im Nakas auch selbst vorgebeugt, indem sie in offenbarem Gegensatz zur Verherrlichung der Freiheit — „Freiheit Du bist die Seele aller Dinge, ohne Dich ist alles tot" — nicht versäumte, ausdrücklich festzustellen, daß für Rußland jede andere Regierungsform als die Selbstherrschaft nicht nur schädlich, sondern geradezu ruinös wäre.

Ob Katharina ihren Nakas, der im Auslande fälschlicherweise als ein von ihr verfaßtes Gesetzbuch angekündigt wurde, nur mit der Absicht geschrieben hat, um „den Ausländern Sand in die Augen zu streuen", wie ihr Sohn später bitter bemerkte, oder ob sie damals an die Verwirklichung dieser Grundsätze wirklich geglaubt hat, mag dahingestellt bleiben. Unbezweifelbar ist, daß das Ausland damit über die faktischen Verhältnisse in Rußland getäuscht wurde. Bezeichnenderweise hat Katharina ihren Nakas für das Ausland auch gleich in drei Sprachen — lateinisch, französisch und deutsch — drucken lassen, zu Hause aber ausdrücklich verboten, daß „subalterne Beamte und andere Personen" davon Kenntnis bekämen.

Die Große Gesetzgebende Kommission trat im Sommer 1767 in der berühmten Granowitaja Palata im Moskauer Kreml zusammen. Aber ehe der Nakas der Kommission vorgelegt wurde, war er bereits auf Grund der scharfen Opposition aus den Kreisen des Adels mit stillschweigendem Einverständnis der Kaiserin über die Hälfte zusammengestrichen worden. Immerhin war noch so viel übriggeblieben, daß die gewählten Vertreter in der Kommission bei der Verlesung des Nakas vor Rührung in Tränen ausbrachen.

Bald wurde allen offenbar, daß die im Nakas vertretenen Grundsätze zwar erhaben, aber als Grundlage für ein russisches Gesetzbuch ungeeignet seien. Außerdem war die Kommission infolge ihrer Zusammensetzung und ihrer Größe für die Erfüllung ihrer Aufgabe — Schaffung eines Gesetzbuches — gar nicht qualifiziert. Nachdem sie in Moskau 200 Sitzungen abgehalten hatte, wurde sie nach Petersburg verlegt, später infolge des Türkenkrieges vertagt und ist allmählich, ohne wieder zusammenzutreten, in Vergessenheit geraten. Eine praktische Bedeutung für die tatsächliche Entwicklung Rußlands hat auch dieser Anlauf der

„commenceuse par profession" nicht gewonnen. Der einzige Akt der Großen Kommission war die einstimmig angenommene Verleihung des Titels „die Große" an Katharina.

Ein von ihrer Aufgabe unabhängiges Nebenergebnis hat die Kommission allerdings gehabt. Es waren ihr aus allen Teilen und von allen Schichten des Reiches ausführliche Lageberichte eingereicht worden. Die Kaiserin hat diese Berichte eifrig studiert und aus ihnen nach ihren eigenen Worten „Licht und Kenntnis gewonnen über das ganze Reich". Zweifellos auch manche Erkenntnis.

Unitarisierende Tendenzen

Nachhaltige geschichtliche Folgen hinterließ Katharinas unitarisierende Verwaltungspolitik mit vorsichtig durchgeführten russifikatorischen Tendenzen.

Sie hat eine bedingte Verselbständigung der Provinzialverwaltung bei scheinbarer Förderung einer lokalen Selbstverwaltung durchgeführt, im ganzen aber den Charakter des Reiches als eines sich auf den zentralisierten Beamtenapparat stützenden und vom Adel beherrschten Militär- und Polizeistaates belassen. Im Zuge der verwaltungstechnischen Europäisierung hat sie in der Provinzialverwaltung die sog. Gouvernements- oder Statthalterschaftsverfassung eingeführt, dabei die Zahl der Gouvernements stark erhöht (von 8 auf 50) und jeweils mehrere zu Generalgouvernements zusammengefaßt und die arg zerrüttete Reichsverwaltung dadurch auf eine neue, bessere Grundlage gestellt (1775). Gleichzeitig versuchte sie, den Ständen in den einzelnen Gouvernements in beschränktem Maße eigene Verwaltungsfunktionen zu übertragen. Auch die Städte sollten durch eine neue Städteordnung (1785) eine beschränkte Selbstverwaltung erhalten. Die Kaiserin ließ sich dabei, beraten von dem Livländer Graf J. J. Sievers, vom Beispiel der erst fünfzig Jahre zu Rußland gehörenden sog. Ostseeprovinzen Livland und Estland leiten. In diesen Provinzen waren aber, ganz anders als in den russischen Kernlanden, die politischen und sozialen Einrichtungen im Rahmen der europäischen Gesamtentwicklung organisch gewachsen. In den russischen Gouvernements fehlten für derlei Reformen die dazu unerläßlichen Voraussetzungen, so daß praktisch mit diesen Anläufen nichts erreicht wurde. Auch stand das Prinzip der Selbstverwaltung wesensmäßig in einem so krassen Gegensatz zur Selbstherrschaft Katharinas, die im Einklang mit russischen Herrschaftstraditionen in den Ständen „Werkzeuge der Staatsdisziplin" sah, daß im Ergebnis die als Selbstverwaltung bezeichnete Lokalverwaltung zu einem Organ der Zentralregierung wurde.

Bei ihrer Verwaltungsreform verfolgte Katharina gleichzeitig den Gedanken der Vereinheitlichung des Reiches im großrussischen Sinne. Noch mehr als früher bemühte sie sich selbst, Russin zu sein. Bei einem Aderlaß äußerte sie die Hoffnung, daß ihr der letzte Tropfen deutschen Blutes abgezapft sei. In ihrer Personalpolitik bevorzugte sie, wo es irgend möglich war, Russen. Seit ihrer Thronbesteigung sind alle ihre Favoriten und Liebhaber Russen gewesen. Später ist ihre Regierungszeit von Russen als „das russischste Zeitalter der russischen Geschichte" (Amfiteatrow) bezeichnet worden. Das äußerte sich auch in ihrer Politik gegenüber ihren sog. „fremdstämmigen" Untertanen. Die z. T. auf sehr niedriger Kulturstufe stehenden asiatischen Völker waren in diesem Zusammenhang nicht interessant, dagegen wohl Katharinas nichtrussische Untertanen in den europäischen Westgebieten, vor allem die Deutschen in den Ostseeprovinzen, die Finnen und später — nach den Teilungen — die Polen. Eine besondere Rolle spielten dabei die als Kleinrussen bezeichneten, von starker Animosität gegen die Großrussen beherrschten Ukrainer. Diese Völker hatten ihre historisch bedingten, regional begrenzten Sonderrechte (Privilegien) und nahmen insofern innerhalb des Russischen Reiches sowohl national bzw. konfessionell wie auch politisch eine Sonderstellung ein. Katharinas Ziel ging dahin, in diesen Gebieten eine möglichst weitgehende Angleichung an die großrussischen Verhältnisse zu erreichen.

Auch hierbei gingen die Ansätze ihrer Politik auf ihre ersten Regierungsjahre zurück. Bei der Ernennung des Fürsten Wjasemskij zum Generalprokureur (1764) ließ sie ihn durch eine eigenhändig geschriebene Instruktion folgendes wissen:

„Kleinrußland, Livland und Finnland sind Provinzen, die nach ihren bestätigten Privilegien regiert werden ... Sie fremdländisch zu nennen und auf dieser Grundlage zu behandeln, wäre ein großer Fehler. Diese Provinzen ... müssen auf die sanfteste Weise dahin gebracht werden, daß sie verrussen (obrusseli) und aufhören, umherzuschauen wie die Wölfe im Walde."

Die von Peter dem Großen grundsätzlich abgelehnte und aufgegebene Gleichschaltungspolitik der Moskauer Zaren wurde damit von Katharina in ihrer Zielsetzung wieder aufgenommen, modernisiert durch den von der Kaiserin offenbar richtig erfaßten, damals aber noch nicht zum Durchbruch gelangten Nationalismus, dem die Zukunft gehören sollte. Die Methode sollte dabei allerdings eine andere sein; es sollte nicht wie früher in Moskau offen brutale Gewalt angewendet, sondern es sollte unter Tarnung des Endzieles behutsam verfahren werden.

Katharina selbst hielt sich an ihr Rezept. Sie hat aus taktischen Gründen die Privilegien der Deutschen und Finnen weder aufgehoben noch verletzt, sondern sie ausdrücklich bestätigt. Ihre nichtrussischen Untertanen dankten ihr das, ohne ihr Endziel zu kennen, mit aufrichtiger Ergebenheit und zum Teil begeisterter Anhängerschaft. Zwar hatte die Kaiserin durch die Übertragung der Statthalterschaftsverfassung auf die Ostseeprovinzen (1783) und die Einführung der russischen Städte- und Adelsordnung vorübergehend eine Umgestaltung der dortigen Rechtsverhältnisse geschaffen. Sie mußte sich aber davon überzeugen, daß eine Russifizierung der Menschen bei Aufrechterhaltung ihrer Privilegien nicht zu erreichen war. In der richtigen Erkenntnis, daß die willige Gefolgschaft und Staatstreue ihrer nichtrussischen Untertanen von größerem Wert war als deren widerwillige Russifizierung, ließ sie es dabei bewenden. Erst ein Jahrhundert später sind die Russifizierungsbestrebungen von ihren Nachfahren auf dem Thron, allerdings nicht mehr in sanfter Weise und auch nicht unter Aufrechterhaltung der Privilegien wieder aufgenommen und im Sinne ihrer Zielsetzung auch durchgeführt worden.

Ganz anders war das Verhalten Katharinas gegenüber den Ukrainern. In diesem Falle verletzte sie vorsätzlich die Privilegien, denn sie erkannte die amtlich als Kleinrussen bezeichneten, zudem noch der griechisch-orthodoxen Kirche angehörenden Ukrainer nicht als ein eigenständiges Volk an.

Der Exponent der Sonderstellung der Ukrainer und ihr Repräsentant gegenüber der Krone war der gewählte Hetman. Dieses Amt bekleidete bereits seit 1750 Kyrill Rasumowskij. Unter dem Vorwand, daß die Ukrainer danach strebten, das Hetmanat im Hause Rasumowskij erblich zu machen, veranlaßte Katharina den Hetman, obgleich er zu ihrer Thronbesteigung wahrscheinlich mehr beigetragen hatte als jeder andere, „freiwillig" auf sein Amt zu verzichten, hob gleichzeitig das Hetmanat und damit die ukrainische Sonderstellung auf (1764) und setzte als Verwaltungsorgan ein aus Ukrainern und Großrussen zusammengesetztes sog. Kleinrussisches Kollegium mit dem Russen Graf P. A. Rumjanzew an der Spitze ein.

Diesem ersten Schritt ließ sie zehn Jahre später noch den zweiten folgen, indem sie auch die Sonderstellung der Saporoger Kosaken aufhob (1775), die seit dem 16. Jahrhundert ihren eigenen, durch eine sonderbare „Ordensverfassung" gekennzeichneten Kosakenstaat an den Dnjeprstromschnellen hatten. Die Kosaken, dadurch der materiellen und ideellen Grundlage ihrer Existenz beraubt, wurden — sofern sie nicht außer Landes gingen — in die russische Heeresorganisation eingegliedert. In der ganzen Ukraine wurden die sozialen Verhältnisse den großrussischen angeglichen mit dem Ergebnis, daß die soziale Lage der bäuerlichen Bevölkerung sich erheblich verschlechterte (Einführung der Leibeigenschaft 1783). Diese Maßnahme gehört bereits in den Rahmen der allgemeinen Adels- und Bauernpolitik Katharinas.

Verwöhnter Adel, versklavte Bauern

Von besonders nachhaltiger Wirkung und schwerwiegenden geschichtlichen Folgen war Katharinas Adels- und Bauernpolitik.

Auch hierin betrat sie keine neuen Wege, sondern schritt auf den alten in der Richtung einer fortgesetzten Verschlechterung der rechtlichen und faktischen Lage der Bauern weiter. Unter Katharina hat die Leibeigenschaft in Rußland ihre krasseste Form angenommen und wurde zu einem „schreienden sozialen Übel" (Platonow), an dem Rußland noch bis zur Mitte des 19. Jahrhunderts und in seinen innenpolitischen Auswirkungen bis ins 20. Jahrhundert hinein zu tragen hatte. Die soziale Spannung zwischen dem privilegierten Adel und der Masse der Bauern verschärfte sich auch durch die Fortführung der Europäisierung, an der die Bauern so gut wie überhaupt keinen Anteil hatten. Dadurch wurde die Gesamtnation in zwei Teile aufgespalten, die sich innerlich und auch in ihrem äußeren Erscheinungsbild immer weiter voneinander schieden und schließlich nicht einmal wie zwei soziale Schichten des gleichen Volkes, sondern wie zwei völlig verschiedene Völker, ein adliges land- und seelenbesitzendes Herrenvolk und ein bäuerliches, unbezahlt für die Herren arbeitendes Sklavenvolk, nebeneinander her lebten.

Katharina hat diese Verhältnisse nicht neu geschaffen, aber sie hat sie durch ihre Politik, entgegen ihren tönenden Worten, stabilisiert und auf dieser Grundlage ihre glanzvolle und ruhmreiche Herrschaft geführt. Sie hatte an dieser Entwicklung auch ihr persönliches Interesse. In den ersten Jahren ihrer Regierung sah sie sich, um sich auf dem Thron zu halten, auf die Unterstützung durch den Adel angewiesen. In den späteren Jahren machte sie die adlige Herrenschicht, oder genauer einen Teil von ihr, bewußt zum alleinigen Träger des staatlichen Lebens in der Verwaltung, in der Wirtschaft und auch in der Kultur. Der von ihr angestrebte, geförderte und auch weitgehend erreichte Aufschwung des staatstragenden Teiles des Adels wurde — zumal von außen gesehen —, ganz im Sinne Katharinas, als ein lebendiger Beweis für den Aufschwung ihres Reiches unter ihrer Regierung verstanden.

Peter der Große hatte die — praktisch lebenslange — Staatsdienstpflicht für den Adel eingeführt und damit die desgleichen lebenslange und entschädigungslose Dienstpflicht der leibeigenen Seelen für ihre Herren ethisch gerechtfertigt. Nach dem Tode Peters erstrebte und erreichte der seine Dienstverpflichtung als lästigen Druck empfindende Adel eine fortgesetzte Pflichtverringerung gegenüber dem Staat und Rechtserweiterung gegenüber den Bauern. Schließlich hob Peter III. die Dienstpflicht des Adels ganz auf (Februar 1762).

Katharina hatte damals in richtiger Erkenntnis, daß diese Maßnahme vom Gesichtspunkt des Staatsinteresses höchst bedenklich war, sie scharf kritisiert. Nach ihrer Thronbesteigung hielt sie aber trotzdem an der Dienstbefreiung fest. Auch wenn dieser Maßnahme, wie man gemeint hat, der sittliche Gedanke zugrunde gelegen haben sollte, „die Zwangseinrichtung zu einer Gewissenseinrichtung zu erheben" (Fleischhacker), so ist nicht zu bestreiten, daß die Dienstbefreiung tatsächlich in weiten Kreisen einfach als ein „Passepartout des Nichtstuns" aufgefaßt und als solches lebhaft begrüßt worden ist. Das wußte Katharina sehr wohl. Um sich den Beifall und die Unterstützung des Adels zu erhalten, hat sie es nicht mit der Dienstbefreiung bewenden lassen. Sie ist, wie wir sahen, den adligen Wünschen auch bei der Arbeit der Großen Kommission und sogar bei der Zerpflückung ihres eigenen Nakas in weitestem Maße entgegengekommen. Sie hat an diesem Kurs während ihrer ganzen Regierung festgehalten und ihre Begünstigung der adligen Seelenbesitzer schließlich durch den sog. „Gnadenbrief für den Adel" gekrönt (1785). Danach blieb der Adel sowohl von der zivilen wie von der militärischen Dienstpflicht befreit; er war auch frei von allen Steuern. Sein Landbesitz und seine „Seelen" (leibeigene Bauern) waren sein erbliches Eigentum. Das von Peter dem Großen eingeführte Recht, im Staatsdienst durch einen entsprechenden Rang Adel zu erwerben, blieb bestehen. Darin lag natürlich ein großer Anreiz zum freiwilligen Dienst. Da aber jetzt nur ein Teil des Adels diente, fand eine folgenschwere Aufspaltung der Adelsschicht statt. Der dienenden, stark bürokratisierten, staatstragenden Beamten- und Hofaristokratie als der herrschenden Schicht stand der nichtdienende, aber den Dienst seiner leibeigenen Bauern gleichwohl in Anspruch nehmende Landadel gegenüber, ohne Mitverantwortung am staatlichen Leben und in wachsender Opposition zur herrschenden Schicht, zum herrschenden System und schließlich auch zum Staat selbst. Den Adel als Stand hatte Katharina nicht zur Verantwortung herangezogen, da sie ihm keinerlei politische Rechte gewährte.

Im Zuge dieser Politik kam die Kaiserin auch dem Begehren des Adels nach Rechtserweiterung gegenüber den Bauern im Sinne einer Verschärfung des Leibeigenschaftsrechts entgegen. Hier zeigte sich besonders kraß die Diskrepanz zwischen Theorie und Praxis in der Politik Katharinas. In ihren meist für das Ausland bestimmten theoretischen Betrachtungen, sowohl in ihrem Nakas wie in ihrer ausgedehnten Korrespondenz, hat Katharina in äußerst scharfen Formulierungen die Leibeigenschaft verurteilt und sich für deren Aufhebung begeistert. Sie hat es als „gegen die christliche Religion und gegen die Gerechtigkeit" bezeichnet, „Menschen, die allesamt mit der Freiheit auf die Welt gekommen sind, zu Sklaven zu machen". Wahrscheinlich hat sie sich vorübergehend auch wirklich mit dem Gedanken getragen, die Lage der Bauern zu bessern und die Leibeigenschaft allmählich abzuschaffen. Es ist ein Projekt von ihr überliefert, indem sie als „einfaches Mittel" vorschlägt, bei jedem Besitzwechsel eines Gutes die Bauern freizulassen. Sie hat auch ein Preisausschreiben der Petersburger „Freien Ökonomischen Gesellschaft" über die Bauernfrage gefördert (1765) und die bäuerlichen Angelegenheiten in der Großen Kommission offen diskutieren lassen. Sie erklärte in diesem Zusammenhang, daß es Rußland „vor der ganzen Welt nicht zum Ruhme gereiche", wenn man die Bauern „als rechtloses Vieh betrachte". Und sie hat von der Absicht gesprochen, als Gegenstück zum Gnadenbrief des Adels auch einen

Gnadenbrief für die Bauern, zumindest für die noch freien Bauern, zu erlassen. Sie wußte wohl, daß die Bauern seit der Dienstbefreiung des Adels auch fest mit ihrer Befreiung rechneten. Aber es blieb bei den Worten.

In der Tat hat Katharina die Leibeigenschaft weder aufgehoben noch gelockert, noch für irgendeinen Teil der Bauernschaft eine Gnadenurkunde erlassen. Sie hat praktisch so gut wie nichts getan, um die Lage der Bauern zu verbessern und hat viel dazu beigetragen, sie zu verschlechtern. Gleich nach ihrem Regierungsantritt hat sie damit begonnen, Domänenbauern an ihre Günstlinge und Liebhaber zu Tausenden zu verschenken und hat diese Praxis während ihrer ganzen Regierung fortgesetzt. Sie hat dadurch freie Bauern oder in Staatsbesitz übergeführte ehemalige Klosterbauern zu Seelen adliger Herren gemacht und damit deren soziale Lage erheblich verschlimmert. „Jedes wichtige Ereignis, jeder Erfolg russischer Waffen kostete dem Reich mehrere Tausend freier Bauern“ (Kljutschewskij). Im ganzen hat Katharina rund 400000 Seelen, d. h. etwa eine Million Menschen — als Seelen galten nur Männer über sechzehn Jahre — verschenkt. Sie hat außerdem in der Ukraine die noch bestehende Freizügigkeit der Bauern aufgehoben und, wie bereits erwähnt, auch dort die Leibeigenschaft gesetzlich eingeführt.

Die auch für die Ukraine geltende Erweiterung der Adelsrechte ging natürlich auf Kosten der Bauern. Die Leibeigenen durften ohne Land und getrennt von ihren Familienangehörigen verkauft, gekauft und an Banken verpfändet werden; faktisch fanden auch, obgleich es nicht erlaubt war, Versteigerungen von Bauern statt. Zeitungsinserate, in denen z. B. „ein sechzehnjähriges Mädchen und ein wenig gebrauchter Wagen“ angeboten wurden, waren nicht ungewöhnlich. Die vom Staatsdienst befreiten adligen Herren hatten jetzt Zeit für ihre kostenlos für sie arbeitenden Bauern, übten die Polizei- und Gerichtshoheit über sie aus und durften sie gegebenenfalls nach Sibirien zur Ansiedlung und (seit 1765) auch zur Zwangsarbeit verschicken. Praktisch konnten die Seelenbesitzer mit ihren Seelen alles machen, was sie wollten, nur

Eine allegorische Darstellung der ersten Teilung Polens (1772). Die Souveräne der drei Teilungsmächte, Katharina II. von Rußland, Joseph II. von Österreich und Friedrich II. von Preußen, zeigen auf die Gebiete Polens, die sie beanspruchen, während König Stanislaus August von Polen seine hinunterfallende Krone festhält.

(Historia-Photo)

Katharinas Sommerresidenz das Große Palais in Zarskoje Selo, 24 km südlich von St. Petersburg. Das Große Palais — oder Katharina-Palais — wurde von Bartolomeo Rastrelli 1752—57 im sog. russischen Barock erbaut und 1780—90 von Charles Cameron vollendet. Im Zweiten Weltkrieg stark beschädigt ist es heute so gut wie vollständig restauriert.

(Historia-Photo)

nicht sie töten, was übrigens oft genug vorkam und selten bestraft wurde.

Katharina wußte, daß diese in ihrem Reiche herrschenden echten Sklavenverhältnisse sie in den Augen des Auslandes belasten mußten. Deshalb lag ihr viel daran, daß Europa möglichst wenig davon erfuhr. Das zeigte sich z. B. beim großen Aufstand Pugatschows.

Pugatschow

Bauernunruhen und -revolten hat es in Rußland immer gegeben. Sie dauerten auch unter Katharina fort. Nach ihren eigenen Angaben befanden sich bei ihrer Thronbesteigung 49 000 Fabrikbauern und gegen 150 000 Adels- und Klosterbauern in offenem Aufruhr. Diese Aufstände richteten sich in der Regel nicht gegen die Krone oder gegen die Selbstherrschaft, sondern gegen die „Herren", d. h. in erster Linie gegen die adligen Seelenbesitzer. Auch die Fabrikbauern waren so gut wie ausschließlich Leibeigene des Adels, die von ihren Herren als Arbeiter in die Betriebe, oft mehrere hundert Kilometer von ihren Heimatdörfern und damit von ihren Familien entfernt, gesteckt wurden.

Selbstverständlich erhielt der latente bäuerliche Widerstand durch die verschärften sozialen Gegensätze neue Nahrung. Im sechsten Regierungsjahr Katharinas (1768) wurde in der Großen Kommission berichtet, daß „viele Herren auf dem Lande ein halbes Jahr oder länger sich nicht getrauten, in ihren Häusern zu schlafen" aus Angst vor entlaufenen Leibeigenen, die ihre Herren „überfielen, grausam quälten, abschlachteten und in Stücke rissen". Und im elften Jahre ihrer Regierung (1773) brach der große Aufstand am Jaik (Uralfluß) unter dem Donkosaken Jemeljan Pugatschow aus, der sich für den Zaren Peter III. und damit für den Gemahl Katharinas erklärte. An sich war das Auftreten bäuerlicher Thronprätendenten auch nichts Neues. Seit dem zweiten Regierungsjahr Katharinas waren immer wieder falsche Zaren erschienen, die die Krone für sich begehrten — allein im Jahre 1765 fünf an der Zahl. Neu war die Dimension, die dieser Aufstand annahm.

Pugatschow hatte zunächst unter den meist altgläubigen Kosaken und den nichtrussischen Steppenvölkern im Wolga- und Uralgebiet, unter Tataren, Kirgisen, Baschkiren, Usbeken, Tschuwaschen eine schnell anwachsende Anhängerschaft gefunden und war dann ins russische Siedlungsgebiet eingefallen, wo er die Bauern, in erster Linie natürlich die leibeigenen Seelen, zur Erhebung gegen ihre Herren aufrief. Dabei schwor er feierlich, „alle Edelleute bis zum letzten auszurotten". Bezeichnenderweise fand er unter dieser Parole im Wolgagebiet, das er von Zarizyn (später Stalingrad, heute Wolgagrad) bis hinauf nach Perm an der Kama beherrschte, auch Zulauf unter der städtischen Bevölkerung und auch unter der niederen Geistlichkeit.

Katharina war zunächst weniger durch den Aufstand selbst beunruhigt als durch das „peinliche Aufsehen", das er in Europa verursachte. Sie fürchtete, daß das Ausland dadurch einen unerwünscht tiefen Einblick in die russische Wirklichkeit gewönne. Um eine Blamage vor Europa zu vermeiden, versuchte sie, den Aufstand zunächst zu verheimlichen und dann zu bagatellisieren. Beides erwies sich als nicht durchführbar.

Die Bewegung Pugatschows nahm bald so große und so drohende Ausmaße an — der Rebell verfügte über eine bewaffnete Macht von etwa 25 000 Mann —, daß die Kaiserin, nachdem die vom Adel aufgestellten Privatmilizen sich als machtlos erwiesen hatten, reguläre Truppen aufbieten mußte, die in einem Feldzug unter Suworow den Aufstand niederschlugen. Pugatschow wurde hingerichtet (1775), und an den Schuldigen oder für schuldig Erklärten wurde grausame Rache genommen.

Der große Aufstand war damit, ebenso wie früher und später mehrere kleinere, mit Gewalt liquidiert worden. Die allgemeinen Verhältnisse im Lande blieben aber im großen so wie sie gewesen waren bis über den Tod Katharinas hinaus. Das Bauernproblem war unter ihrer Regierung einer Lösung nicht näher gekommen.

In gewissem Zusammenhang mit dem Aufstand Pugatschows stand das abenteuerliche Unternehmen einer jungen Frau, die sich Fürstin Tarakanowa nannte, behauptete eine Schwester Pugatschows und gleichzeitig eine Tochter der Kaiserin Elisabeth zu sein und von Italien aus Anspruch auf den russischen Thron erhob. Katharina nahm diese Affäre, die ihre Reputation im Auslande zu schädigen drohte, sehr ernst und gab Aleksej Orlow, der sich seinerzeit in Ropscha so gut bewährt hatte, den Befehl, die Prätendentin einzufangen und nach Rußland zu schaffen. Orlow führte den Befehl mit List und Gewalt zur Zufriedenheit seiner Kaiserin aus (1775). Die Fürstin Tarakanowa ist bald darauf in Petersburg, jedenfalls eines natürlichen Todes, gestorben.

Mehrerin des Reiches

Die bereitwilligste Anerkennung und das lauteste Lob hat Katharina für ihre Außenpolitik geerntet. Sie ist auf dem europäischen Kontinent in einem Ausmaße Mehrerin des Reiches gewesen wie keiner ihrer Vorgänger und keiner ihrer Nachfolger bis auf Stalin. Unter ihrer Regierung wuchs das Reichsgebiet um eine halbe Million Quadratkilometer und die Bevölkerungszahl um 80 % (von 20 Millionen auf 36 Millionen). Gleichzeitig wuchs das Machtpotential des Russischen Reiches und damit, von außen gesehen, auch seine Gefährlichkeit. An alledem hatte die Kaiserin einen sehr persönlichen Anteil.

In der Außenpolitik hatte Katharina, wie wir sahen, schon vor ihrer Thronbesteigung Erfahrungen gesammelt. Seit ihrer Großfürstinnenzeit galt ihr besonderes Interesse dem diplomatischen Spiel; ihm hat sie sich mit Leidenschaft gewidmet und darin bemerkenswerte Fähigkeiten gezeigt. Dabei lag ihre Stärke entsprechend ihrer ganzen Veranlagung mehr im ausübend Diplomatischen als im zielsetzend Politischen. Gleichwohl behielt sie auch im Politischen die Initiative fest in ihrer selbstherrschenden Hand.

Nur wenige Tage nach ihrer Thronbesteigung gab sie das dem Collegium für auswärtige Angelegenheiten zu verstehen, als sie zwanzig ihr vorgelegte Fragen sehr präzise und mit bemerkenswerter Selbstsicherheit beantwortete. U. a. verlangte sie, daß ihr, entgegen der bisherigen Übung, alle Gesandtenberichte im Wortlaut vorgelegt würden.

Neuerdings hat man einen bestimmenden Einfluß der Kaiserin auf die Außenpolitik in Frage gestellt. Man hat gemeint, sie sei nur „außerordentlich betriebsam" gewesen und nicht ihr Wille hätte die Ereignisse, sondern „der Ablauf der Ereignisse hätten ihren Willen gelenkt" (Gitermann). Unter voller Würdigung der Wechselbeziehung zwischen objektiver Notwendigkeit und subjektivem Willen wird man jedoch die Bedeutung ihres Willensentschlusses bei der Führung der Außenpolitik sehr hoch anschlagen müssen. Das Verdienst an ihren Erfolgen (z. B. in der Türkenpolitik) muß ihr ebenso bleiben wie die Verantwortung für die Folgen (z. B. in der Polenpolitik).

In ihrer Außenpolitik ist Katharina insofern sehr „realistisch" gewesen, als sie eine reine Machtpolitik führte. Ihre große unbedenklich genutzte Chance war dabei der offenbare Machtverfall der beiden Nachbarstaaten, Polens und der Türkei, auf deren Kosten ihre annexionistische Expansionspolitik ging. Kühl rechnend wie immer und auf unmittelbar zu erreichende augenfällige Erfolge bedacht, hat „in der hohen Politik ihr Kopf, nicht ihr Herz den Ausschlag gegeben; aber auch der Kopf kann schwere Fehler machen" (Gooch). Ihr Kopf machte, verleitet durch leichte Erfolge, den Fehler, keine Begrenzung ihrer Macht- und Annexionsansprüche gelten zu lassen und dadurch unrealistisch zu werden. So hat man nicht zu Unrecht ihre Außenpolitik simplifizierend aber treffend einfach als Ländergier bezeichnet. Ihre Stoßrichtung ging dabei in weiterem Verfolg alter russischer Expansionstendenzen nach Süden und nach Westen. Im Süden leitete sie der legitime Anspruch eines Ausgangs zum Meer. Aber sie begnügte sich damit nicht und schloß den Anspruch auf eine Herrschaft über den ganzen Balkan daran. Im Westen hatte Peter der Große die Ostsee bereits in breiter Front erreicht. Hier führte Katharina ihren Stoß nicht mehr über die Nebenländer Polens zum Meer, sondern über das polnische Kernland direkt nach dem Herzen Europas.

Diplomatisch ging sie dabei so vor, daß sie, zunächst vorsichtig operierend, nach ihren eigenen, sicherlich treffenden Worten „wie eine erfahrene Kokette" sich von den damals noch im Siebenjährigen Kriege befindenden Mächten umwerben ließ. Bald trat sie aber — im Bündnis mit Preußen (1764) — aus ihrer Reserve heraus mit der eingestandenen und bis zu einem gewissen Grade auch verwirklichten Absicht, „Schiedsrichterin Europas" zu werden. Durch die Garantierung des Friedens von Teschen (1779) nach dem Bayerischen Erbfolgekrieg erwarb sie sich jedenfalls in bezug auf Deutschland auch den Rechtstitel einer Schiedsrichterin. Aber sie wollte noch mehr. Im Glorienschein ihrer oft leichten Erfolge hat sie am Ende ihrer Regierung gesagt: „Wenn ich 200 Jahre regierte, dann würde schließlich ganz Europa dem russischen Szepter unterworfen sein."

Einen Vorschmack davon, wie sie die Außenpolitik zu führen gedachte, gab sie gleich am ersten Tage ihrer Regierung. Im Vordergrunde stand damals das Verhältnis zu Preußen. Bekanntlich ist sie vom unpopulären, preußenfreundlichen Kurs Peters III. insofern abgewichen, als sie das bereits in die Wege geleitete russisch-preußische Schutz- und Trutzbündnis nicht ratifizierte. Andererseits trat sie nicht, wie die Verbündeten Rußlands vergeblich erwarteten, von neuem in den Krieg gegen Friedrich den Großen ein.

Mit bestem Erfolg für ihr Ansehen sowohl in Rußland wie im Auslande hat sie sehr raffiniert bei der Führung der Außenpolitik nach innen oft ein anderes Gesicht gezeigt als nach außen. Für den inneren Gebrauch erklärte sie — am Tage ihres Umsturzes — Friedrich den Großen zum „ärgsten Feind Rußlands", ließ aber den König von Preußen gleichzeitig wissen, daß sie „den geschlossenen Frieden für heilig und unverbrüchlich" halte. Sie erklärte mit Wissen ihres Außenministeriums dem Auslande, daß sie alle Mittel zur Erlangung eines europäischen Friedens gebrauchen werde. Ohne Wissen ihres Außenministeriums schrieb sie aber gleichzeitig dem Befehlshaber der damals noch in Preußen stehenden russischen Truppen, Feldmarschall Saltykow, daß sie, entgegen dem, was sie vor aller Welt deklariert habe, versuchen werde, „diesen unerträglichen Frieden in Unserem Sinne zu verändern".

Bei ihrer Politik der inneren Aushöhlung des polnischen Staates war ihr ein willkommenes Mittel die Intervention zugunsten der sog. Dissidenten, d. h. der amtlich benachteiligten, nicht der (katholischen) Staatskirche angegliederten griechisch-orthodoxen Untertanen des polnischen Königs. Den Russen gegenüber trat Katharina dabei als Vorkämpferin des (griechisch-orthodoxen) Glaubens auf, dem Ausland gegenüber als überzeugte Anhängerin religiöser Toleranz, aber in Wirklichkeit wollte sie — wie sie dem russischen Gesandten in Warschau, Fürst Repnin, mitteilen ließ — die eigenen Glaubensgenossen nicht übermäßig stärken, sondern sie als eine „dauernde Partei gegen die Regierung" in einem solchen Zustande halten, daß sie „ständig auf russische Hilfe angewiesen" seien. Das heißt, ihr war die ganze Angelegenheit ausschließlich ein Mittel zur politischen Einmischung in die inneren Angelegenheiten Polens. Sehr ähnliche Methoden sollte 200 Jahre später Stalin seinen „Glaubensgenossen" im Auslande, d. h. den Kommunisten in den anderen Staaten gegenüber anwenden, wie überhaupt zwischen der Außenpolitik Katharinas und der Stalins mancherlei Parallelen bestehen.

Sowohl in ihrer diplomatischen Methode wie in ihrer politischen Zielsetzung stimmte Katharina in ihren Ansichten und Absichten mit ihren außenpolitischen Beratern oft nicht überein. Der Außenminister ihrer ersten Regierungszeit, Nikita Panin, ein führender Freimaurer, hielt es „fast für eine Pflicht der Humanität", Polen aus seinem Zustand des Chaos herauszuhelfen und es als Staat zu erhalten. Er hatte die Idee, den polnischen Staat als „nützliches Bindeglied“ in dem von ihm projektierten sog. „Nordischen Akkord“, einem Bund Rußlands mit den protestantischen Staaten Preußen, England, Holland, Dänemark, Schweden und Sachsen unter russischer Führung mit einzubeziehen. Katharina hatte dagegen bereits als Großfürstin (1759) es für opportun erachtet, „die glückliche Anarchie, in der Polen sich befindet und die uns zu jeder beliebigen Aktion freie Hand läßt“ aufrechtzuerhalten und ist auch später nach diesem Rezept verfahren.

Zum Schutze der polnischen Libertät intervenierte sie sowohl politisch wie militärisch, wobei sie das für die innere Stabilität Polens verhängnisvolle liberum veto oder wie man höhnisch sagte, das liberum rumpo, d. h. das Recht jedes einzelnen Adligen im Sejm, alle Vorlagen zu Fall zu bringen oder gar die Tagung zu sprengen, ebenso wirksam zu nutzen verstand, wie das sonderbare Institut der sog. Adels-Konföderationen, d. h. der gewohnheitsrechtlich legalisierten Empörung der Aristokraten gegen ihren eigenen Landesherrn. Weiteren Anlaß zur Einmischung gaben ihr die Besetzung des Herzogstuhles in Kurland und nicht zuletzt die polnische Königswahl.

Der ehemalige Leiter der russischen Außenpolitik Bestushew trat in der kurländischen Frage für die Kandidatur des Prinzen Karl von Sachsen ein, wogegen Katharinas Kandidat der ganz von ihr abhängige, aus seiner Verbannung im Inneren Rußlands wieder befreite, Ernst Johann Biron war, der auch die Herzogskrone bekam (1763). Dadurch wurde Kurland faktisch noch vor seiner formellen Abgliederung aus Polen zu einem russischen Vasallenstaat.

Auf den polnischen Königsthron beschloß Katharina gleich nach ihrer eigenen Thronbesteigung — wiederum entgegen dem Rat Bestushews — ihren ehemaligen Liebhaber Stanislaus Poniatowski zu erheben, was sie ihn auch in einem berühmt gewordenen Schreiben (August 1762) wissen ließ. Auch hierbei setzte sie, als es „unter dem Schutze russischer Truppen“ in Warschau zur Königswahl kam, ihren Willen durch (1764). Durch fortgesetzte weitere Interventionen, einschließlich wiederholter Einmärsche russischer Truppen, blieb sie um die Aufrechterhaltung der glücklichen Anarchie in Polen emsig und erfolgreich bemüht.

An sich war das nicht neu. Katharina konnte dabei an die Politik Bestushews, der von der konservierenden Außenpolitik seit dem Tode Peters des Großen zu einer aggressiven Machtpolitik übergegangen war, unmittelbar anknüpfen. Im Zuge dieser Politik kam es dann auf Anregung Friedrichs des Großen nach langwierigen Verhandlungen dazu, daß Rußland, Preußen und Österreich sich aus dem „polnischen Kuchen" je eine „Portion", wie sie sich damals ausdrückten, herausschnitten. (Erste Teilung Polens 1772). Katharina wollte sich mit ihrer Portion aber nicht begnügen. Ihr Blick war auf ganz Polen gerichtet.

Das allen Augen erkennbare Bestreben Katharinas, Polen zu einer russischen Satrapie, wie man damals sagte — heute würde man sagen zu einem russischen Satelliten — zu machen, hatte bereits vor der ersten Teilung, gegen das Erwarten der russischen Kaiserin, die Türkei auf den Plan gerufen, die in völliger Verkennung des faktischen Stärkeverhältnisses, Rußland den Krieg erklärte, in der trügerischen Hoffnung, dadurch die Polen zu retten. Es kam aber umgekehrt. Der erste Türkenkrieg Katharinas (1768—1774) hat im Ergebnis die Machtstellung Rußlands nicht geschwächt, sondern sehr erheblich gestärkt. So unwillkommen der Kaiserin dieser Krieg zu diesem Zeitpunkt auch kam, so willkommen war er ihr als Anlaß zur Auflösung der Großen Gesetzgebenden Kommission.

Ein Durchstoß zum Schwarzen Meer lag auf der Ebene ihrer Intentionen. Zweifellos entsprach das auch einem konkreten politischen und wirtschaftlichen Interesse Rußlands (Beseitigung der fortgesetzten Bedrohung durch die Krimtataren und Gewinnung von Exporthäfen für das russische Getreide). Außer dem erfolgreich geführten Landkrieg, durch den Asow, Taganrog und schließlich auch Kertsch in russische Hände fielen, und in dessen Verlauf die Russen auf dem Balkan bis über die Donau vordrangen, entschloß sich Katharina auf Anraten Grigorij Orlows zu einem mit viel Großsprecherei in die Wege geleiteten Flottenunternehmen ins Mittelmeer.

Die Flotte war seit Peter dem Großen arg vernachlässigt worden, aber Katharina setzte sich in genialischem Dilettantismus über die fehlenden Voraussetzungen hinweg, ließ die Schiffe so gut es ging instand setzen, machte aus binnenrussischen leibeigenen Ackerbauern Matrosen und übergab schließlich den Oberbefehl über das Unternehmen Aleksej Orlow, der bis dahin nie ein Schiff kommandiert hatte. Dieses Flottenunternehmen war weitaus leichtfertiger begonnen worden als 140 Jahre später im japanischen Kriege die große Expedition der russischen Kriegsflotte nach dem Fernen Osten, die mit der Katastrophe von Tsushima endete. Aber Katharina hatte Glück. Obgleich eines ihrer stolzen Schiffe überhaupt nur bis Reval gelangte, die übrige Flotte zuerst in Dänemark, dann in England stilliegen mußte, kam sie — nach siebenmonatiger Fahrt — schließlich doch bis ins Ägäische Meer. Zu Katharinas Glück erwies sich, daß die in der Bucht von Tschesme an der kleinasiatischen Küste zum Kampf gestellte türkische Flotte „noch schlechter war als die russische" (Kljutschewskij) und daß sich auf den russischen Schiffen unter anderen sachkundigen Briten auch der Kapitänsbrigadier Sir Samuel Greigh, ein Schotte, befand, der mit überlegener artilleristischer Könnerschaft die türkische Flotte in Brand schoß. Der russische Sieg war vollkommen (1770).

Trotz eines daraufhin gegen Rußland geschlossenen Bündnisses Österreichs mit der Türkei (1771), das fast zu einem österreichisch-russischen Krieg geführt hätte, gelang es Katharina im drei Jahre später geschlossenen, für die weitere geschichtliche Entwicklung höchst folgenreichen Frieden von Kütschük-Kainardschi (1774), den erstrebten Ausgang zum Schwarzen Meer zu sichern. Die Türkei verzichtete auf die Oberhoheit über die Tataren und räumte den Russen die Befugnis ein, die christlichen Untertanen des Sultans in Schutz zu nehmen, d. h. sich in die inneren Verhältnisse der Türkei einzumischen. Asow, Kertsch, Jenikale und die ganze Steppe vom Dnjepr bis zum Bug fielen an Rußland.

Die russischen Handelsschiffe erhielten das Recht zum freien Verkehr auf dem Schwarzen Meer und zur Durchfahrt durch die Meerengen. Katharina konnte mit Recht triumphieren.

Das Russische Reich hatte mit seiner realen Macht auch sein internationales Gewicht erheblich erhöht. Es betrachtete sich, wie es in einem zeitgenössischen Bericht hieß, als „die erste Macht Europas". Ein Ausdruck dafür war der erfolgreiche Protest Katharinas gegen die von den Seemächten, besonders von England geübte Praxis, während des Krieges neutrale Handelsschiffe zu kapern und sich der Ware zu bemächtigen. Zur Sicherung des freien Handelsverkehrs erließ Katharina unter lautem Beifall aller Betroffenen die „Deklaration der bewaffneten Neutralität" (1780), der sich zuerst Dänemark und Schweden und dann auch Preußen, Österreich, Portugal und beide Sizilien anschlossen.

Der Sieg über die Türkei hatte Rußland mit dem Einmischungsrecht in innertürkische Angelegenheiten geradezu unübersehbare Möglichkeiten für die Zukunft gebracht. Die Kaiserin zögerte nicht, davon Gebrauch zu machen. Sie zielte darauf, auch die Türkei nach dem bewährten polnischen Rezept aufzuteilen und ihre „gigantische Idee", das sog. griechische Projekt zu verwirklichen, d. h. ein griechisches Kaiserreich als russische Secundogenitur zu errichten.

Zu diesem Zweck näherte Katharina sich Österreich als dem Hauptinteressenten und hatte mit Kaiser Joseph II. mehrere Begegnungen. Dabei legte sie dessen österreichische Liebenswürdigkeit fälschlicherweise als Liebe aus und behauptete, sie sei mit ihm „wie ein Liebespaar vor der Heirat" gewesen, eine Ansicht, die der zwölf Jahre Jüngere keineswegs teilte. Aber ein russisch-österreichisches Bündnis, das Katharina als Vorstufe zu ihrem griechischen Projekt betrachtete, kam gleichwohl zustande (1781). Nun glaubte Katharina, darin von ihrem neuen außenpolitischen Berater, dem Ukrainer Alexander Besborodko bestärkt, in Joseph ein gefügiges Werkzeug in ihren Händen zu haben, und bemühte sich in einem höchst interessanten Briefwechsel, den deutschen Kaiser für ihre gigantische Idee zu gewinnen. Da Joseph sich zunächst zurückhaltend zeigte, dann aber mit einer gemeinsamen Aktion einverstanden, seinerseits sehr weitgehende territoriale Ansprüche erhob, steckte Katharina ihr Ziel zurück, legte ihr griechisches Projekt auf Eis und beschloß, sich zunächst mit der Krim zu begnügen.

Hier verfing die polnische Methode durchaus. Die Krim war nach dem Türkenkriege zu einem selbständigen Chanat erklärt worden. Katharina setzte dort zunächst einen russenfreundlichen Chan ein, der gegen seine inneren Widersacher ganz auf russische Hilfe angewiesen war; dann vereitelte sie durch fortgesetzte Interventionen alle Reformversuche, die die Stellung des Chans festigen könnten, und schließlich ließ sie „zur Herstellung von Ruhe und Ordnung" ein Heer unter Potjomkin einrücken und die Halbinsel besetzen. Mit der Drohung eines neuen Türkenkrieges und einer möglichen Aufteilung der Türkei geschickt bluffend, erreichte sie die Zustimmung der Großmächte — England, Frankreich, Österreich — zu einer Annexion der Krim und des Kubangebietes im Kaukasus gegen Verzicht auf das griechische Projekt (1783). Die Welt staunte über ihre Erfolge „ohne Schwertstreich".

Die weitere Entwicklung verlangte allerdings neue Schwertstreiche. Infolge der Machtsteigerung Rußlands und der offensichtlichen weiteren Machtansprüche Katharinas stieß die Kaiserin im Spiel der Kräfte auf wachsende Gegnerschaft auch bei ihren früheren Verbündeten. So bei den Engländern, die die Türken gegen Katharina stützten, bei den Preußen, die sich dem überhandnehmenden russischen Einfluß in Polen widersetzten, und bei den Schweden, die sich unter Gustav III. sogar mit dem Gedanken der Rückgewinnung alter schwedischer Gebiete (in Finnland und Livland) trugen.

Von Potjomkin beraten und angefeuert, hielt Katharina aber an ihrer gigantischen Idee fest und traf Vorbereitungen zur Verwirklichung des griechischen Projektes, an dem Potjomkin insofern persönlich interessiert war, als für ihn dabei die Krone einer aus den Donaurepubliken zu bildenden Monarchie Dacien vorgesehen war. Der so erneuten Bedrohung widersetzten sich schließlich, ermuntert von den Engländern, die Türken, so daß es zu einem zweiten russisch-türkischen Krieg kam (1787—1791), während gleichzeitig die Schweden, desgleichen von den Engländern ermuntert, offensiv gegen Rußland wurden und sogar einen Flottenangriff auf Petersburg versuchten. In dieser vorübergehend sehr ernsten Situation hat Katharina große Standhaftigkeit gezeigt, was um so wichtiger war, als ihr Oberbefehlshaber gegen die Türken, Potjomkin, sowohl als Heerführer wie als Charakter versagte und nach den Worten Katharinas den Anblick eines fünfjährigen Kindes bot.

Die Kaiserin hatte wiederum Glück. Sie konnte Potjomkin durch einen so überragenden Feldherrn und festen Charakter wie Suworow ersetzen, der gegen die Türken neue Erfolge errang. Im schwedischen Heer brach eine Meuterei aus, die ihr ermöglichte, ohne Gebietsverluste, aber auch ohne Gebietsgewinn, verhältnismäßig rasch zu einem Frieden zu kommen (1790). Ein Jahr darauf schloß sie auch mit der Türkei Frieden und konnte dabei erneut ein großes Territorium — das Gebiet zwischen Bug und Dnjestr mit der wichtigen Festung Otschakow — annektieren (1791).

Die größten Gebietserwerbungen standen ihr aber noch bevor. Allerdings ging auch das nicht mehr ohne Schwertstreich. Im verkleinerten Polen setzte Katharina nach der ersten Teilung das alte Spiel fort, um durch die Förderung der dortigen „glücklichen Anarchie" ihren Einfluß weiter zu stärken und zwang der Republik zunächst eine neue Verfassung auf (1775), die die Königsgewalt weiter beschnitt. Ihre wachsenden Machtansprüche stießen aber auf verstärkten Widerstand ihres Partners bei der Demütigung Polens, nämlich Preußens, zumal nach dem Tode Friedrichs des Großen. Gestützt auf Preußen und begünstigt durch die neuen Ideen der Französischen Revolution, setzte in Polen unter Führung des Königs eine Bewegung zur Regeneration des Staates mit unverkennbar antirussischen Akzenten ein, die schließlich zu einem Staatsstreich des Königs und der Verkündung einer neuen Verfassung führten (3. Mai 1791). Diese Verfassung sicherte Polen gerade das, was Katharina verhindern wollte, nämlich die Unabhängigkeit nach außen und die Freiheit nach innen, unter Abschaffung jener verhängnisvollen Institute, die den Nachbarmächten stets Anlaß zur Einmischung gegeben hatten, des liberum veto und der Konföderationen. Gleichzeitig wurde die Krone für erblich erklärt.

Katharina ließ sich dadurch nicht beirren. Mit bewährter Energie steuerte sie verschlagen und heuchlerisch, aber höchst erfolgreich ihrem Ziel einer vollständigen Vernichtung Polens weiter zu.

Mit der unter Anruf des Allerhöchsten laut verkündeten Behauptung, den Polen „ein glücklicheres Los bereiten" zu wollen und „die polnische Freiheit" zu schützen, schritt Katharina zu einer bewaffneten Intervention durch die Begründung einer neuen (durch die Verfassung verbotenen) Konföderation und setzte ihre überlegenen Machtmittel — ein Heer von 100 000 Mann — ein, um die Polen zu zwingen, das Unterpfand ihrer Freiheit, die neue Verfassung preiszugeben und eben damit die Freundschaft zwischen Polen und Russen zu wahren, da doch Rußland „im aufrichtigen Bündnis mit der wahren Republik gegen die inneren Feinde" stehe. Sie zwang den hilf- und ratlosen König, sich ihrer Konföderation anzuschließen, schlug mit ihren Truppen das eilig aufgestellte Heer der polnischen Patrioten und gewann schließlich noch Preußen, an das Poniatowski sich vergeblich um Hilfe gewandt hatte, zur erneuten Partnerschaft am grausamen Spiel und annektierte durch die zweite Teilung Polens ein riesiges Gebiet von 233 000 Quadratkilometern (1793). Damit hatte Katharina den „Gipfel zynischer Machtpolitik im Jahrhundert der Menschen- und Völkerbeglückung" (Stählin) erfolgreich erstiegen.

Mit der zweiten Teilung hatte Polen seinen Todesstoß erhalten. Der Rest war eine militärische Angelegenheit. In richtiger Erkenntnis ihrer hoffnungslosen Lage, in der ihnen nichts anderes übrigblieb, riefen die Polen zum bewaffneten Freiheitskampf auf. Katharina ließ die verwegen, aber aussichtslos unter Führung Kosciuszkos kämpfenden Insurgenten durch Suworow äußerst rigoros niederwerfen. Der König Stanislaus August und der Herzog von Kurland — Birons Sohn Peter — mußten abdanken und der polnische Staat wurde durch die dritte Teilung vollständig liquidiert (1795).

Die neue Annexion rechtfertigte Katharina — unzutreffend — damit, daß es sich nur um eine Rückgliederung ehemals russischen (zur Kiewer Rus gehörigen) und griechisch-orthodoxen Gebietes handelte. Kurland, das damals an Rußland fiel, ist niemals ein russisches und niemals ein griechisch-orthodoxes Land gewesen, auch ein großer Teil Litauens nicht.

Wie die zweite Teilung so war auch die dritte in erster Linie ein Werk Katharinas. 11 000 Polen wurden nach Sibirien deportiert. Poniatowski konnte mit einer guten Pension im europäischen Rußland bleiben. Nach Petersburg durfte er erst nach dem Tod seiner ehemaligen Geliebten.

Für die Mehrung ihres Reiches wurde Katharina selbstverständlich bereits von vielen ihrer Zeitgenossen, nicht nur von Russen, laut gepriesen; Staatsmänner, wie z. B. Kaunitz, haben in ihrer Polenpolitik ein Meisterstück der Staatsklugheit gesehen. Auch neuere Autoren haben, geblendet durch den Umfang ihres Landgewinnes und durch die Skrupellosigkeit ihres Vorgehens, ihre Politik gerühmt. Andere haben sie scharf verurteilt. Es verdient in diesem Zusammenhang festgestellt zu werden, daß eine Verurteilung keineswegs nur nachträglich unter dem Gesichtspunkt moderner Wertungen erfolgt ist. Katharinas politische Methoden sind auch von ihren Zeitgenossen nach den damals geltenden Rechtsvorstellungen nicht minder scharf verurteilt worden. Vielleicht von niemandem so entschieden wie von ihrer widerwilligen Teilhaberin am Teilungsgeschäft, der Kaiserin Maria Theresia, die bekannte, daß sie sich sehen zu lassen schäme, weil „nit allein das offenbare Recht himmelschreiend . . . , sondern auch alle Billigkeit und gesunde Vernunft wider uns ist".

Die weitere Entwicklung hat Maria Theresia recht gegeben. Auch abgesehen von der zweifelhaften Virtuosität bei der Anwendung unbilliger Mittel, hat die polnische Frage durch die Teilungen bekanntlich keineswegs eine Lösung gefunden. Das ganze

19. und auch das 20. Jahrhundert haben immer von neuem gelehrt, daß die Polenpolitik Katharinas im Zeitalter des aufkommenden Nationalismus gegen die gesunde Vernunft und ohne Weitblick gewesen ist. Das Ergebnis der polnischen Teilungen hat sich für die Teilungsmächte und besonders für Rußland als eine Belastung erwiesen, die so schwer wog, daß im 19. Jahrhundert zwei russische Kaiser — Nikolaj I und Alexander II — sich vorübergehend mit dem Gedanken trugen, auf die von Katharina erworbenen polnischen Gebiete (bis zur Narew-Weichsellinie) zu verzichten.

Potjomkin

Katharina hatte viel Sinn für Regieeffekte, mit denen sie immer wieder die erwünschten Erfolge erzielte. Eine aktive Teilhaberschaft daran hatte Potjomkin.

Grigorij Alexandrowitsch Potjomkin, eine sanguinische Kraftnatur mit ausschweifender Phantasie und ebenso ausschweifendem Lebenswandel nimmt unter den Favoriten Katharinas eine Sonderstellung ein. Als verpfuschter Student und verpfuschter geistlicher Seminarist hatte er die militärische Laufbahn eingeschlagen, aber die Kaiserin hatte ihn schon früh in den Hofdienst übernommen und so in ihre nächste Umgebung gezogen. Ihr amtlicher Geliebter (amant en titre) wurde er im Jahre ihres ersten Triumphes über die Türken (1774) und ist es etwa drei Jahre geblieben. Im Unterschiede zu den anderen Geliebten blieb er aber auch nachher in der Gunst Katharinas bis zu seinem Tode (1791). Er war ein Mann, der, frei von allen Skrupeln, aus dem vollen zu schöpfen liebte, ein genialischer Dilettant, vielseitig begabt, auf allen Gebieten tätig, groß in seinen Zielsetzungen, noch größer in seinen Ansprüchen, aber ein äußerst labiler Charakter. Bei Rückschlägen und Mißerfolgen, wie im zweiten Türkenkrieg, verzweifelte er, war bereit, alles hinzuwerfen und mußte sich von der seelenstarken Kaiserin immer wieder aufrichten lassen. Aber wenn sie sich selbst in Bedrängnis fühlte, spendete der verhinderte Geistliche der religiös indifferenten Monarchin geistlichen Trost.

Wenn Theodor Schiemann Katharina die Fähigkeit zu echten Gefühlen abgesprochen und von ihr gesagt hat: „Sie hat nicht verachtet, aber auch nicht geachtet; sie hat nicht gehaßt, es sei denn politisch, und hat nicht geliebt, es sei denn physisch, aber sie hat die Menschen benutzt", so dürfte Potjomkin auch in diesem Punkt eine Ausnahme gewesen sein. Katharina hat Potjomkin jedenfalls auch über das Physische hinaus geliebt. Ihr ausgiebiger Liebesbriefwechsel mit dem „kleinmütigen Riesen" gibt Zeugnis davon.

Die Kaiserin hat Potjomkin im Unterschied zu den meisten ihrer anderen Geliebten auch als politischen Ratgeber herangezogen. Sein Wort hat bei ihr zeitweilig recht schwer gewogen, aber einen entscheidenden politischen Einfluß hat auch er nicht erlangt. Katharina blieb als Mensch und als Herrscherin ihm überlegen. Sie hat ihn allerdings sehr verwöhnt und hat seinen maßlosen persönlichen Ansprüchen in geradezu leichtfertiger Weise Genüge getan. Sie hat Potjomkin zum Statthalter der im Türkenkriege gewonnenen sog. neurussischen Gebiete gemacht und hat ihm für seine uferlosen Projekte Millionenbeträge zur Verfügung gestellt, über die er nicht abzurechnen brauchte. Mit diesen schier unerschöpflichen Mitteln hat Potjomkin ein großartiges Kolonisationswerk vollbracht. Er hat die bislang fast menschenleere Steppe peupliert, indem er die von der Kaiserin mit riesigen Gütern beschenkten Adligen veranlaßte, ihren Seelenbesitz aus dem ganzen Reichsgebiet dorthin zu verlagern und anzusiedeln.

Das lag auf der Ebene alter Zielsetzungen Katharinas. Auch hierbei gehen die Ansätze ihrer Politik bis in ihre Großfürstinnenzeit zurück. „Wir müssen daran arbeiten, Unsere Einöde mit einer Menge Menschen zu bevölkern", schrieb sie vor ihrer Thronbesteigung, und unmittelbar nach ihrem Regierungsantritt (Oktober 1762) erließ sie einen eigenhändig geschriebenen Ukas, in dem sie dem Senat „ein für allemal" vorschrieb, alle Ausländer anzunehmen, welche sich in Rußland niederlassen wollen. (Am Ende des 18. Jahrhunderts hatte das europäische Rußland eine Bevölkerungsdichte von 8 pro km^2.) Im Jahre darauf setzte mit einem Apparat von Agenten und durch Propaganda „in allen ausländischen Zeitungen" eine systematische Anwerbung ausländischer Siedler, vor allem in Deutschland, ein. Den Ansiedlern wurde persönliche Freiheit, gemeindliche Selbstverwaltung und Befreiung vom Militärdienst und von Steuern zugesagt. Hauptsächlich Pfälzer und Schwaben folgten dem Ruf und wurden nach einer mühsamen Reise auf dem Seewege über Petersburg und dann die Wolga hinab in der Gegend von Saratow angesiedelt. Im Jahre 1768 gab es dort bereits 102 von rund 8000 Familien bewohnte deutsche Kolonien.

Die Kolonisation wurde nun von Potjomkin in Neurußland fortgeführt, allerdings mit etwas anderen Akzenten. War Katharina, eindeutig westlich orientiert, stets bestrebt, den europäischen Charakter ihres Reiches zu unterstreichen, so zeigte Potjomkin eine besondere Vorliebe für die halb- oder ganzasiatischen Völkerschaften des Reiches, die er in seine Binnenkolonisation mit einschloß. Auch für die Altgläubigen, die scharfe Gegner der Europäisierung waren, hatte Potjomkin eine Vorliebe. So personifizierte er, nicht nur durch seine Lebensführung in der Art orientalischer Despoten, gleichsam die asiatische Komponente des russischen Vielvölkerreiches. Für die grundsätzlich europäisch ausgerichtete Reichspolitik blieb das aber ohne Belang.

Potjomkin beschränkte sich nicht auf eine ländliche Ansiedlung. Er hat außerdem zahlreiche Hafenstädte mit großen Werken angelegt: Cherson an der Mündung des Dnjepr, Nikolajew an der Mündung des Bug; nach seinem Tode entstand Odessa nahe der Mündung des Dnjestr. Er hat in Sewastopol den berühmten Kriegshafen angelegt und als seine Residenz am Dnjepr, etwa 400 km südlich Kiew, das nach Katharina benannte Jekaterinoslaw (heute Dnjepropetrowsk) errichtet.

Wie seine Kaiserin, so hatte auch Potjomkin mehr Leidenschaft für großartige Planung und Neubeginn als für Ausdauer und systematischen Weiterbau. Auch er war ein commenceur par profession. Die meisten seiner Projekte blieben auf dem Papier. Viele seiner Paläste und Kathedralen (z. T. in der Größe der

Peterskirche von Rom geplant), für die in feierlicher Zeremonie der Grundstein gelegt worden war, sind nie über den Erdboden herausgewachsen. Und manche andere Bauten gerieten nach ihrer Errichtung bald wieder in Verfall. Gleichwohl war auch das, was vom Aufbau übrigblieb, noch sehr imposant. Es sollte allerdings nach dem Wunsch Potjomkins sowohl vor der Kaiserin wie vor der Weltöffentlichkeit noch imposanter erscheinen. Zu dem Zweck erfand der, nach der Umbenennung der Krim in Taurien zum Taurischen Fürsten erhobene Favorit jenen Propagandatrick, der unter dem Schlagwort „Potjomkinsche Dörfer" in die Geschichte eingegangen ist.

Im Jahre 1787 unternahm die Kaiserin, von einem riesigen Hofstaat und zahlreichen ausländischen Diplomaten begleitet, eine mit viel Aufwand in Szene gesetzte Krimreise. Auf jeder Poststation mußten dazu über 500 Pferde zum Wechseln bereitstehen. Es war dafür gesorgt, daß die weit über 1000 km lange Strecke nachts durch brennende Scheiterhaufen „heller erleuchtet war als am Tage", wie ein staunender Augenzeuge berichtete. Es war auch dafür gesorgt, daß die verwöhnten Gäste an den Stationen, wo zu diesem Zweck Holzpaläste errichtet wurden, den Petersburger Luxus nicht zu entbehren brauchten. Katharina fuhr in einem Riesenschlitten, in dem sich ein besonderes Kabinett für die neunundfünfzigjährige Kaiserin und ihren damaligen Geliebten, den sechsundzwanzigjährigen Mamonow befand, ein Salon für acht Personen, eine Bibliothek, natürlich der Spieltisch und sonstige Bequemlichkeiten. „Unsere fahrenden Kabinette sind voll von Feigen und Apfelsinen und unsere Lakaien sind von Champagner besoffen", schrieb der an der Reise teilnehmende Fürst von Ligne.

In Kiew mußte die im Januar begonnene Reise unterbrochen werden, weil sie zu Schiff auf dem Dnjepr fortgesetzt werden sollte und zuerst das Eis auftauen mußte. Man vertrieb sich die Zeit mit pompösen Festen, Bällen, Gelagen, Konzerten und Paraden. Hier in Kiew, das sich damals nur wenige Kilometer von der polnischen Grenze befand, hielt Katharina Hof und ließ sich von zahlreichen polnischen Magnaten huldigen. Es war noch vor der zweiten Teilung, so daß die Polen sich noch Hoffnungen auf ein tatsächlich glücklicheres Los ihres Staates dank dem Wohlwollen der russischen Kaiserin machten. Später erschien auch der polnische König selbst. Aber Poniatowski wurde bereits damals von seiner ehemaligen Geliebten kurz gehalten und zur weiteren Mitreise nicht eingeladen, offenbar nicht nur, weil der junge Mamonow sich so anstellte, als platze er vor Eifersucht. Dagegen ist Kaiser Joseph II., der auf der Krim zur Reisegesellschaft stieß, längere Zeit Reisegast Katharinas gewesen.

Hatte die Kaiserin sich zum Ziel gesetzt, ihre Gäste durch Prachtentfaltung zu blenden, so war es die Absicht des Taurischen Fürsten, die Reisegesellschaft einschließlich seiner Herrin durch Vorspiegelung falscher Tatsachen zu täuschen. Potjomkin hatte in der Nähe des Dnjeprufers, noch gut sichtbar, aber in den Einzelheiten nicht zu unterscheiden, Trugdörfer errichten lassen, Häuser ohne Fenster und Türen, zum Teil nur Fassaden, und hatte außerdem nach den Worten des späteren Generalgouverneurs dieser Provinzen, Langeron, „durch Tyrannei und Terror die gesamte Bevölkerung der volkreichen ukrainischen Gouvernements, die die Kaiserin nicht passierte, vertrieben und mit den Herden dorthin versetzt, wo die Reisegesellschaft vorbeikam". Auch Katharina war höchst überrascht, überall von riesigen Menschenscharen in festlichen Gewändern bejubelt zu werden. Selbstverständlich fehlten die dorthin kommandierten Truppen aller Waffengattungen nicht. Potjomkin wollte nicht nur durch Prunk, sondern auch durch Machtentfaltung imponieren.

Gewiß, nicht alles war Fassade und Schein. Vieles war echt, und die Gescheiten unter den Gästen verstanden wohl entsprechend zu unterscheiden. Ein überliefertes Gespräch zwischen dem französischen Gesandten Graf Ségur und dem Kaiser Joseph II. ist in diesem Zusammenhang aufschlußreich. „Sehen sie", sagte Ségur, „hier ist alles mehr äußerer Glanz als wirklicher Wert. Der Fürst Potjomkin gibt immer wieder auf, was er mit Eifer angefangen. Keines seiner Projekte ist ausgereift . . ." — „Man hat uns von Illusion zu Illusion geführt“, entgegnete Joseph. „Das Innere der Dinge hat hier große Mängel. Aber das Äußere hat ebenso viel Wirklichkeit als Glanz.“

In der Tat, das Äußere, selbst wenn es Kulisse war, hatte seine Wirklichkeit.

Ruhm und Glanz

Sehr nachhaltig und in vieler Hinsicht segensreich hat Katharina auf die geistig-kulturelle Entwicklung ihres Reiches und ihrer Untertanen gewirkt.

Ihr Zeitgenosse, der englische Diplomat Robert Gunning, hat einmal gesagt, daß Ruhm zu erwerben für sie wichtiger sei als das Wohlergehen des Landes, das sie regiert. Auch wenn diese Äußerung im Kern zutrifft, so darf darüber nicht übersehen werden, daß das Wohlergehen, besonders aber das Ansehen ihres Landes durch den persönlichen Ruhm der Kaiserin sehr profitierte. Ihre Nachfahren haben noch über 100 Jahre davon gezehrt.

Die Geltung eines Menschen und auch eines Staates richtet sich ja nicht nur nach Realitäten. Auch Imponderabilien spielen dabei eine große Rolle und diese im persönlichen wie im staatlichen Interesse zu nutzen, hat Katharina meisterhaft verstanden. Sie hat die Weltgeltung Rußlands und des Russischen in erstaunlichem Maße erhöht. Sie hat das Selbstbewußtsein und das Gefühl des Eigenwertes ihrer Untertanen so gehoben, daß die Russen, nach den Worten Kljutschewskijs, sich dank ihr überhaupt erst als Menschen, sehr bald auch als die ersten Menschen in Europa gefühlt haben. Allerdings bezieht sich das nur auf die dünne, europäisierte, fast ausschließlich aristokratische Oberschicht. Für die Masse der leibeigenen Bevölkerung gilt das natürlich nicht.

Das gesteigerte Ansehen war nicht nur durch die außenpolitischen Erfolge der Kaiserin bedingt, auch nicht nur durch behauptete oder vorgetäuschte, oder auch echte Erfolge in der inneren Verwaltung, — es bezog sich in hohem Maße auf die kulturelle Wirksamkeit Katharinas. Die geistige Entwicklung erfuhr, von der Kaiserin systematisch gefördert, einen raschen Aufschwung. So stieg, um nur ein Beispiel zu nennen, die Bücherproduktion mit ihrer Thronbesteigung sprunghaft von durchschnittlich 23 Neuerscheinungen im Jahr auf 105, um in den achtziger Jahren bis auf 366 weiter anzusteigen. Natürlich hatte auch daran nur die Oberschicht Anteil. Aber diese Oberschicht hob Katharina auf ein Kulturniveau, das in den führenden, vorwiegend in Petersburg konzentrierten Kreisen einen Vergleich mit europäischen Verhältnissen nicht zu scheuen brauchte. Das äußerte sich in der verfeinerten Form der Geselligkeit, die sich nun spürbar von der primitiven Feierei zur Zeit Elisabeths unterschied. Eine besondere Vorliebe hatte Katharina für das Liebhabertheater, an dem sich die Damen und Herren der Hofgesellschaft aktiv beteiligen mußten. Auch das professionelle Theater wurde gepflegt und eine Schauspielschule gegründet. Obgleich selbst unmusikalisch, veranstaltete die Kaiserin auch gerne und oft Konzerte.

Einen leidenschaftlichen Eifer legte sie als Kunstsammlerin an den Tag; sie entwickelte dabei eine förmliche Raffgier. Wie in ihrer Außenpolitik so wollte sie auch als Kunstsammlerin alles haben und hat sich in dieser Hinsicht selbst als „ein Vielfraß“ bezeichnet. Ohne Bedenken das Schwergewicht ihres politischen und persönlichen Ansehens dazu nutzend, hat sie „ganz Europa zur Errichtung ihrer Museen ausgeplündert“, wie ein Ausländer angesichts der Kunstschätze in der kaiserlichen Eremitage bissig bemerkt hat.

In die Regierungszeit Katharinas fällt die von ihr bewußt angestrebte Verschmelzung russischer und abendländischer Elemente zu einer sich neubildenden in das Europäische integrierten russischen Kultur. Damit war die Voraussetzung für den steilen Kulturaufstieg Rußlands im 19. Jahrhundert geschaffen.

Katharina verstand es, auch ihre ausgedehnte Korrespondenz mit führenden Geistern Europas, besonders mit französischen

Enzyklopädisten, zu ihrem und ihres Reiches Ruhm zu nutzen. Sie war bei den bekanntesten Schriftstellern ihrer Zeit, u. a. bei so viel gelesenen wie Voltaire, in Mode gekommen und das bedeutete damals weit mehr als eine sog. „gute Presse". Die sie bewundernden Literaten haben sie mit oft alle Grenzen des guten Geschmackes überschreitenden Schmeicheleien überhäuft und sie „mit Leidenschaft, mit Entzücken, mit allen Kräften geliebt, wie man den lieben Herrgott lieben soll", nach einer Äußerung von Baron Melchior Grimm.

Besonders gerühmt wurde Katharinas Kunst der Unterhaltung, und mancher ihrer faszinierten Gesprächspartner hat bedauert, „nicht imstande zu sein, diese Plaudereien wörtlich durch die Feder wiederzugeben. Die Welt wäre in den Besitz eines kostbaren und einzigartigen Fragmentes zu der Geschichte des menschlichen Geistes gekommen." Die Kaiserin verstand zu blenden und offenbar im Geistigen wie im Physischen anregend auf ihre Partner zu wirken. Denn von dem, was über ihre Causerien überliefert ist, gewinnt man den Eindruck, daß der Reichtum des Geistes mehr auf seiten ihrer Gesprächspartner lag. Das gilt auch für ihre in vielen Bänden erhaltene Korrespondenz, die sich auf dem hohen Niveau der im 18. Jahrhundert bekanntlich besonders gepflegten Briefschreibekunst hält, aber es nicht übersteigt. Sie konnte auch sehr wenig geistreich in simples Geschimpfe verfallen, wenn sie z. B. ihre Kollegen auf anderen Thronen als dumme Klötze, dumme Tölpel, Mißgeburten, höllische Narren bezeichnet, „die Prügel verdienen, um endlich ihr Maul zu halten". — Es hat zu allen Zeiten Leute gegeben, die durch solche Grobheiten aus kaiserlichem Munde in Entzücken gerieten.

So befruchtend Katharina auf die geistige Entwicklung gewirkt hat, so ist sie auch auf diesem Gebiet nicht schöpferisch gewesen. Sie hat auf dem kulturellen Sektor keine Reformen durchgeführt, aber sie hat, überzeugt vom Werte der Bildung, viel zu deren Hebung getan. Um die Erziehung der adligen Jugend, zumal der weiblichen, hat sie sich sehr bemüht. Neben mehreren Erziehungsanstalten für Knaben hat sie das berühmt gewordene Smolna

Institut für adlige junge Mädchen begründet. Ihr Erziehungssystem ist rückblickend als das fortschrittlichste, das zu jener Zeit zu finden war (Scott-Thomson), bezeichnet worden.

Die unverhältnismäßig große Rolle, die die Frau im öffentlichen Leben Rußlands, einschließlich der revolutionären Bewegung und einschließlich der akademischen Berufe (Medizin), im 19. Jahrhundert gespielt hat und auch heute noch spielt, geht in ihren Ansätzen auf Katharina zurück.

Die Kaiserin hatte ein ausgeprägtes wissenschaftliches Interesse. Sie hat die Petersburger Akademie der Wissenschaften und die Akademie der Schönen Künste besonders gefördert und eine Akademie für die russische Sprache begründet (1783). Viel hat sie dafür getan, ausländische Gelehrte und Künstler für Rußland zu gewinnen. Auch hierbei spielte die Rücksicht auf die Wirkung nach außen eine große Rolle. Sie interessierte sich vor allem für das, was an der Spitze geschah, und eine entsprechende Ausstrahlungskraft hatte. Für die so wichtige Bildung des Volkes hat sie zwar einiges projektiert, aber praktisch sehr wenig getan.

Katharina schrieb selbst gerne und viel. Außer ihren Memoiren, ihren Nakas und ihren Briefen hat sie auch Beiträge zu einer satirischen Zeitschrift geliefert und geschichtliche, philosophische und pädagogische Traktate verfaßt, Märchen, Komödien und Opern gedichtet, Kinderbücher geschrieben und sich auch wissenschaftlich als Mitarbeiterin eines vergleichenden Sprachwörterbuches versucht. Ihre literarischen Erzeugnisse übersteigen nicht das Mittelmaß, wenn sie es erreichen, aber das Beispiel der Kaiserin feuerte an und nährte ihren Ruhm.

Die Kaiserin Katharina II. hat ihre Residenz St. Petersburg zum — oft trügerischen — Aushängeschild des Russischen Reiches gemacht. Die Stadt an der Newa war unter ihrer Regierung zu einer europäischen Metropole geworden. Katharina hat Petersburg das äußere Bild gegeben, das der Gründung Peters des Großen bis zur bolschewistischen Revolution und zum Teil bis heute geblieben ist. Sie hat ihrer Residenz jene typisch Petersburgische

Atmosphäre verliehen, die so viele Russen und Ausländer unwiderstehlich bestrickt und in ihren Bann geschlagen hat und die gleichzeitig die Quelle eines geradezu abgründigen Hasses geworden ist, der sich gegen die europäisierte, für Rußland untypische, nur mit drakonischen Zwangsmaßnahmen besiedelte Stadt richtete. (Jahrzehntelang wurden alle, die sich weigerten nach Petersburg überzusiedeln, mit lebenslangem Zuchthaus und Einziehung ihres gesamten Besitzes bestraft.) Sowohl in Petersburg selbst, wie in den kaiserlichen Residenzen der Umgebung, in Zarskoje Selo (heute Puschkin), Peterhof, Oranienbaum, Pawlowsk haben Katharinas meist ausländische Architekten (Guarenghi, Rinaldi, Cameron) unermüdlich gebaut und weitläufige Parkanlagen angelegt. St. Petersburg bestand nun nicht mehr aus einzelnen, in den trockengelegten Sumpf zwischen kleine Holzhäuser gestellten, prächtigen, teils vollendeten, teils halbvollendeten, teils wieder zerstörten Gebäuden, wie noch zur Zeit Elisabeths, sondern bot, jedenfalls in der Partie um das Newaufer herum mit dem Winterpalais als Mittelpunkt, das harmonische Bild einer in sich geschlossenen herrlichen Anlage von sehr eigenem Reiz. Im Brennpunkt auf dem Senatsplatz ließ Katharina das berühmte, von Falconet geschaffene, Denkmal Peters des Großen errichten, dem sie — gegen russische Traditionen — eine lateinische Inschrift gab: Petro primo Catharina secunda.

Der eigentliche Mittelpunkt des gesamten Staatslebens war der Hof. Die geistige Kultur der Hofgesellschaft stand im Zeichen bewußter Französierung, die sich auch auf die Provinzstädte und die Adelssitze auf dem Lande erstreckte. In den Erziehungsanstalten für den Adel war der Gebrauch russischer Worte unter Strafe gestellt. „Es regnete Franzosen wie Insekten in heißen Ländern", sagte ein Zeitgenosse. Ein Sechstel der rund 220 000 Einwohner Petersburgs waren Ausländer. Während die Franzosen hauptsächlich als Haus- und Sprachlehrer in den russischen Häusern ihren festen Platz gewannen, standen zahlenmäßig unter den Ausländern die Deutschen an erster und die Engländer an zweiter Stelle.

Wenn auch die Ausländer im kulturellen Bereich noch stark dominierten, so traten unter Katharina bereits auch Russen nicht nur aufnehmend und die fremden Einflüsse verwertend, sondern als schöpferische Persönlichkeiten schaffend und gestaltend hervor, als Künder einer in eben dieser Zeit durchbrechenden von Russen selbst getragenen Kulturentwicklung. So die Architekten Kokorinow und Bashenow, die Maler Lewizkij und Argunow, der Geschichtsschreiber und Romanschriftsteller Karamsin, die Dichter Sumarokow, Fonwisin, Dershawin, der Journalist und Verleger Nowikow, um nur einige wenige Beispiele zu nennen.

Die alte Kaiserin

Katharina hat ein so hohes Alter erreicht — siebenundsechzig Jahre — wie kein anderer russischer Kaiser von Peter dem Großen bis Nikolaj II. Das war geschichtlich insofern wichtig, als sie erst im Alter ihre größten außenpolitischen Gewinne erzielte und im Inneren manche folgenreichen Entscheidungen traf.

Sie selbst wurde im Alter sowohl in der Herrschaftsführung wie in ihrer Stellung dem Ausland gegenüber immer starrer. Zwar war sie nie, im Unterschiede zu ihren Worten, eine aufrichtige Liberale gewesen, aber im Alter konnte sie es sich leisten, auch auf eine Beteuerung ihres angeblichen Liberalismus zu verzichten. Gelegentlich hat sie damit bis zum Schluß kokettiert und mit sechzig Jahren (1789) eine Grabschrift entworfen, in der sie sich selbst eine republikanische Seele bescheinigt. In ihrer Praxis war davon nichts zu spüren, besonders nicht, nachdem die Republik in Frankreich Wirklichkeit geworden war.

Katharina hat gegen die Französische Revolution von vornherein eine scharf ablehnende Stellung bezogen und, ganz im Stile alter und junger despotischer Sehnsüchte, der Hoffnung Ausdruck gegeben, die Franzosen möchten „bis auf den Namen absolut ausgerottet werden“. Ohne Zweifel entsprach es ihrer wahren Gesinnung, wenn sie im Freiheitsrausch der Revolutionäre nur eine Schändung der Krone sah und sich für die Wiederherstellung der Königsgewalt in Frankreich einsetzte.

Sie wußte genau, daß eine Front- und Kampfstellung gegen die Leute mit einer aufrichtig republikanischen Seele in ihrem eigensten Interesse lag. So entsprach es der Linie ihrer Politik, wenn sie in dem letzten Jahrzehnt ihrer Regierung auch im eigenen Lande alle freiheitlichen Regungen und jede Kritik, wie überhaupt alles, was sich nicht in das System ihrer Selbstherrschaft fügte, wie z. B. das Freimaurertum, erbittert, radikal und oft grausam bekämpfte.

Als ein russischer Aristokrat, Alexander Radischtschew, bald nach dem Ausbruch der Französischen Revolution (1790) im Selbstverlag seine berühmt gewordene „Reise von Petersburg nach Moskau" veröffentlichte, in der er scharfe Kritik an den sozialen Zuständen übte und eine nicht zu überhörende Anklage gegen die bestehende Ordnung und die von den Seelenbesitzern geübte Praxis erhob, ließ die Kaiserin ihn zuerst zum Tode verurteilen und dann — nach seiner Begnadigung — zu lebenslanger Verbannung in Ketten nach Sibirien schaffen. Zwei Jahre später (1792) ließ sie einen für das russische Geistesleben ihrer Zeit hochverdienten Mann, den Schriftsteller und Verleger Nikolaj Nowikow, in dessen Verlag ein Viertel aller in Rußland gedruckten Bücher erschien, weil auch er der Kaiserin nicht genehme, freimaurerische Schriften verlegte, ohne Gerichtsurteil in der Peter-Pauls-Festung verschwinden, wo er bis zum Tode Katharinas verblieb.

Mit der wachsenden Starre ihrer Herrschaftsführung begann auch der Glanz ihres Hofes und der Hofgesellschaft an Strahlungskraft zu verlieren. Gute Beobachter des In- und Auslandes erkannten mit geschärftem Blick die Diskrepanz zwischen Schein und Wirklichkeit. Es blieb nicht verborgen, daß die extensive Entwicklung des Reiches auf Kosten der Intensität gegangen war und daß der äußeren Macht das unerläßliche Korrelat innerer Mächtigkeit weitgehend fehlte. Das vor dem Zusammenbruch des Russischen Kaiserreichs im Ersten Weltkrieg oft zitierte Wort vom

Koloß auf tönernen Füßen stammt bezeichnenderweise aus der Zeit Katharinas II.; wahrscheinlich hat Diderot es geprägt.

Aus den letzten Regierungsjahren Katharinas sind uns viele Zeugnisse überliefert, die auch, abgesehen von den offenbaren sozialen Mißständen, auf die allgemeinen Zustände ein recht trübes Licht werfen. „Alle unsere Angelegenheiten sind in unglaublicher Unordnung", stellte der junge hochbegabte Fürst Viktor Kotschubej enttäuscht fest. „Man plündert an allen Enden; alle Departements werden schlecht verwaltet." Fast wörtlich damit übereinstimmend bemerkte der kluge Schweizer Laharpe, den Katharina zum Erzieher ihrer Enkel bestellt hatte: „Alle Welt plündert, man begegnet fast keinem ehrlichen Menschen."

Auch die Auslandspropaganda verlor, als trügerisch erkannt, ihre alte Zugkraft. „Übertriebene Berichte, die ich über die Verbreitung der Zivilisation in Rußland gelesen hatte" — schrieb der Engländer William Coxe (1792) — „ließen mich einen weit höheren Zustand der Kultur erwarten, als ich ihn in Wirklichkeit fand. Ich war über das Barbarentum erstaunt, in dem die Masse des Volkes lebt."

Die Enttäuschung bezog sich auch auf Katharina persönlich. Sie entsprach, zumal in ihrer äußeren Erscheinung, aber auch in ihrem Auftreten nicht dem Bilde, das man sich nach ihrem Wunsch von ihr machen sollte und gemacht hatte. Die französische Malerin Madame Vigée le Brun, die Katharina porträtieren sollte, war „extrem überrascht", sie entgegen ihrer Vorstellung klein, rundlich und untersetzt zu finden. Ihre Bewegungen waren nach wie vor affektiert und selbst ihre Bewunderer geben zu, daß ihr „das Majestätische nicht immer und nicht so ganz gelang" (Hoetzsch).

Die düstere Kehrseite des so glänzenden Hoflebens wurde immer deutlicher. Der fortschreitende, von Katharina geduldete, anfangs noch theoretisch bekämpfte, praktisch aber durch ihr eigenes Beispiel geförderte Sittenverfall war nicht zu verbergen. Nur in bezug auf Sittlichkeit und Moral war Katharina tatsächlich liberal, schrankenlos liberal gewesen und geblieben. „Tout était permis à Cathérine“ stellte der junge und leichtlebige Pole Fürst Adam Czartoryski genußfreudig fest. Das ist durchaus wörtlich zu nehmen.

Die Kaiserin wechselte, nachdem Potjomkin aufgehört hatte, ihr Bettgenosse zu sein, fortgesetzt ihre Geliebten — überraschenderweise nach der Wahl Potjomkins — und ihre Liebesaffären mit den sich dazu drängenden, dafür mit Land und mit Seelen freigebigst honorierten jungen Leuten wurden mit dem zunehmenden Alter der Kaiserin immer unappetitlicher. Eine Atmosphäre der Lüsternheit, die ihren optischen Ausdruck in pornograpischen Bildern und Schnitzereien in den zahlreichen Liebeskabinetten Katharinas fand, hatte sich über die Hofgesellschaft gebreitet, die von dem beherrscht wurde, was die Franzosen mit faire l’amour im Unterschied zu aimer bezeichnen. Das hat bekanntlich Alexander Herzen veranlaßt, als er im 19. Jahrhundert die Memoiren Katharinas erstmalig veröffentlichte, von einer „Tragödie im Freudenhause“ zu sprechen.

Ihrem letzten Geliebten, dem von ihr zum Fürsten erhobenen Platon Subow, einem Jüngling mit schönem Mädchengesicht und zarten Händen, sah Katharina sogar im Politischen weit mehr nach, als sie das früher getan hatte. Der in keiner Weise bedeutende Subow hatte politischen, vor allem außenpolitischen Ehrgeiz. Er hat die Kaiserin, im Rausche phantastischer Eroberungspläne bis nach Indien hin, unmotiviert in einen Krieg mit Persien verstrickt, und mit ihm zusammen hat Katharina jenes geheimgehaltene, erst nach ihrem Tode gefundene Projekt entworfen, das durch die Entwicklung im Zweiten Weltkrieg eine beklemmende Aktualität erhalten hat. Es sah eine Aufteilung Europas in eine Ost- und eine Westhälfte auf Kosten Deutschlands vor. Nach diesem Projekt sollte das Ostreich sechs Hauptstädte haben, nämlich: Petersburg — Moskau — Astrachan — Konstantinopel — Wien — Berlin.

Über dieses Projekt hat sich damals, weil es unbekannt blieb, niemand Sorgen gemacht. Aber über den inneren Zustand des Reiches äußerten manche Ausländer ernste Besorgnis. Unmittelbar nach dem Tode der Kaiserin meldete der preußische Gesandte von Tauentzien nach Berlin: „Die Regierung der unsterblichen Katharina, des Phantoms von Ruhm und Größe entkleidet, hinterläßt in Wahrheit nur ein unglückliches Reich und eine in allen Zweigen verderbte Verwaltung."

Diese im Kern richtige Beobachtung trifft auf das Ganze gesehen gleichwohl nicht zu. Es wird hier zum übrigen Mal deutlich, daß europäische Maßstäbe für russische Verhältnisse nur sehr bedingt Geltung haben. Die räumliche und volkliche, materielle und ideelle Substanz war in Rußland so riesig, daß auch der fortgesetzte Raubbau, das Durcheinander in der Verwaltung, die Korruption und die weiter geschädigte Sozialstruktur sie nicht entscheidend beeinträchtigt haben. Der von Katharina gewaltig vergrößerte Reichs- und Volkskörper erstarkte trotz allem während ihrer Regierung. Industrie und Handel entfalteten sich trotz der verworrenen Finanzlage, die Zahl der industriellen Betriebe nahm zu, der Getreideexport über die neuen Schwarzmeerhäfen stieg stark an. Das Geistesleben ging, wie bereits erwähnt, einer neuen Blüte entgegen. Die Herrschaftsstellung der alten Kaiserin blieb, trotz aller gewichtigen Einwände, in ihrem eigenen Lande ebenso unerschüttert wie ihr Ruhm in der öffentlichen Meinung der Welt.

Über alledem lag allerdings ein tiefer Schatten, der durch die Unsicherheit in der Nachfolge auf den Thron bestimmt war. Katharina hat zu ihrem einzigen (legitimen) Sohn Paul nie ein inneres Verhältnis gehabt. Er ähnelte sehr seinem von Katharina gehaßten Vater. Je älter er wurde, um so mehr verabscheute die Kaiserin ihren Sohn. Er stand ihr im Wege.

Bei ihrem Staatsstreich hatte Katharina den Knaben als den rechtmäßigen Thronerben um die Krone betrogen. Zeitlebens sah sie in ihm einen Rivalen. Solange sie lebte, hatte sie von ihm allerdings nichts zu befürchten, denn durch eine strenge Bewachung und seine vollständige Ausschaltung aus allen Regierungsgeschäften hatte sie einer möglichen Palastrevolution vorgebeugt. Aber sie wußte, daß er zu ihr in scharfer Opposition stand, sich die „Austreibung des potjomkinschen Geistes" und der „moralischen Pest aus dem Westen“, wie er sich ausdrückte, zum Ziel gesetzt hatte und nahe Beziehungen zu ihren Kritikern und Widersachern, z. B. den Freimaurern unterhielt. Sie hielt ihren Sohn, der schon früh eine krankhafte nervöse Reizbarkeit zeigte (und am Ende seines Lebens geisteskrank werden sollte), für nicht fähig, ihre Nachfolge anzutreten. Um ihn auszuschalten, hatte sie ihm seine beiden ältesten Söhne Alexander und Konstantin entzogen und in ihre eigene Erziehung genommen. Selbst traf sie Vorbereitungen, um ihren Sohn im Falle ihres Todes zum zweiten Mal um die Krone zu betrügen und hat sich — allerdings vergeblich — auch darum bemüht, ihren Enkel Alexander zur Mitwirkung an einer Aktion gegen seinen Vater zu gewinnen.

Ein Thronfolgegesetz gab es nicht. Seit Peter dem Großen galt die Bestimmung, daß der Monarch seinen Nachfolger (aus der Zahl seiner Nachkommen) selbst bestimmt. Es hätte nur formell einer entsprechenden Willensäußerung der Kaiserin bedurft. Aber Katharina zögerte in offenbarer Überschätzung ihrer eigenen Lebenskraft die Entscheidung hinaus, bis es zu spät war. Unvermutet für sie selbst und für ihre Umgebung starb sie am 5. November 1796 an einem Schlaganfall.

Ihren Thron und damit ihr Werk hinterließ sie ihrem ungeliebten und als Nachfolger nicht gewünschten Sohn. Aber fünf Jahre später trat nach der Ermordung Pauls ihr sehr geliebter und als Erbe ihrer Krone und ihres Werkes gewünschter Enkel Alexander die Nachfolge auf dem Thron des Russischen Reiches an. Gleich in seinem ersten Manifest versprach der junge Kaiser feierlich, „das ihm von Gott anvertraute Volk nach den Gesetzen und im Geiste seiner erlauchten Großmutter Katharina II. zu regieren“.

Schrifttum

Aus der sehr umfangreichen Literatur kann hier nur das Wichtigste erwähnt werden.

Die wichtigsten Quellen sind außer dem Aktenmaterial:

Die *Memoiren Katharinas,* erstmalig von Alexander Herzen 1859 herausgegeben. Die beste deutsche Ausgabe ist:

E. Boehme, Katharina II. in ihren Memoiren. 1923.

Der in zahlreichen Ausgaben vorliegende *Briefwechsel Katharinas* mit: Melchior v. Grimm, Voltaire, dem Fürsten von Ligne, Sir Charles Hanbury Williams, Kaiser Joseph II., Prinz Heinrich von Preußen, Stanislaus Poniatowksi, G. Potjomkin, Johann Georg Zimmermann, Etienne Maurice Falconet.

Die unter der Regierung Katharinas erschienenen zeitkritischen Bücher, vor allem:

A. Radischtschew: Reise von Petersburg nach Moskau. 1790.

Fürst *M. Schtscherbatow:* Über die Sittenverderbnis in Rußland. 1786/87.

Die *Memoiren der Zeitgenossen:* Fürstin K. Daschkowa, Andrej Bolotow, Dmitrij Mertwago, Grigorij Winskij, Fürst Iwan Dolgorukow, Friedrich d. Große, König Stanislaus Poniatowksi, Graf Ségur, J. v. Stählin, J. de Sanglen und das Tagebuch des Kammerdieners Chrapowizkij.

Darstellungen

B. v. Bilbassoff: Geschichte Katharinas II. 3 Bde., 1891—93.

K. L. Blum: Graf S. S. v. Sievers und Rußland. 1864.

A. Brückner: Katharina die Zweite. 1883.

H. Fleischhacker: Porträt Peters III. In: Jahrbücher für Geschichte Osteuropas 1957.
P. Gooch: Catherine the Great. 1954.
Jan Grey: Katharina die Große. 1963.
O. Hoetzsch: Katharina die Zweite von Rußland. 1940.
Ch. de Larivière: Catherine la Grande d'après sa correspondance. 1895.
E. Lewalter: Katharina II. 1940.
G. Sacke: Die gesetzgebende Kommission Katharinas. 1936.
J. Salomonson: Der Aufstand des Pugatschew. 1939.
Th. Schiemann: Katharina II. und Potemkin. In: Russische Köpfe. 1916.
G. Schlegelberger: Die Fürstin Daschkow. 1935.
G. Scott-Thomson: Catherine the Geat and the Expansion of Russia. 1950.
G. Soloveytchik: Potemkin. 1951.
K. Waliszewski: Le roman d'une impératrice. 1893.

Zeittafel

1729 (21. April / 1. Mai) Prinzessin Sophie geboren.
1741—1761 Elisabeth Kaiserin von Rußland.
1742 Peter v. Holstein-Gottorp zum russ. Thronfolger designiert.
1744 (Febr.) Prinzessin Sophie trifft in Rußland ein.
— (Juni) Sie tritt als Jekaterina Aleksejewna zur orthodoxen Kirche über. Verlobung mit dem Thronfolger.
1745 Vermählung.
1746 Russisch-österreichisches Bündnis.
1747 Russischer Subsidienvertrag mit England.
1754 Geburt des Großfürsten Paul.
1756—63 Siebenjähriger Krieg.
1757 Rußland tritt der österreich.-französ. Allianz bei.
1757 Apraksins Sieg bei Großjägerndorf und Rückzug.
1758 Bestushew gestürzt. Katharinas Kniefall.
1760 Russische Truppen in Berlin.
1761 (Dez.) Elisabeth †. Peter III. Kaiser.
1762 (Febr.) Befreiung des Adels v. d. Dienstpflicht.
— (April) Peter III. schließt Frieden mit Preußen.
— (28. Juni) Katharinas Staatsstreich.
— (6. Juli) Peter III. ermordet.
— (Juli) Bestushew aus der Verbannung zurück.
— (Sept.) Krönung Katharinas in Moskau.
— (Okt.) Verschwörung Chruschtschows aufgedeckt.
1763 (April) Erzbischof Mazejewitsch zu Kerker verurteilt.

1763 (Juni) Manifest des Schweigens.
— Ernst Johann Biron — Herzog von Kurland.
1764 Deutsche Wolgakolonien begründet.
— (Jan.) Wjasemskij Generalprokureur.
— (Febr.) Säkularisation des Kirchengutes.
— (April) Russisch-preußischer Bündnisvertrag.
— (Mai) Smolna-Institut gestiftet.
— (Juli) Putsch Mirowitsch. Iwan VI. getötet.
— (Sept.) Poniatowski König von Polen.
— (Nov.) Ukrainische Hetmanwürde beseitigt. Kleinruss. Kollegium.
1766 Wahlen zur Gesetzgebenden Kommission.
1767 (Juli) Eröffnung der Großen Gesetzgebenden Kommission.
1768 Grundsteinlegung zur Isaakskathedrale in Petersburg.
1768—74 Erster Türkenkrieg.
1770 (Juli) Seesieg bei Tschesme.
1772 (Aug.) Erste Teilung Polens.
1773—75 Aufstand Pugatschows.
1774 (Juli) Frieden von Kütschük-Kainardschi.
— Potjomkin wird Favorit.
1775 (Jan.) Pugatschow hingerichtet.
— (Febr.) Fürstin Tarakanowa in Italien festgenommen.
— Verwaltungsreform (Statthalterschaftsverfassung).
— Auflösung der Saporoger Setsch.
1777 Großfürst Alexander Pawlowitsch geboren.
1778 Cherson und Jekaterinoslaw gegründet.
1779 Frieden von Teschen.
1780 Deklaration der bewaffneten Neutralität.
1781 Russisch-österreichisches Bündnis.
1782 Errichtung des Denkmals für Peter d. Gr.
1783 Fürstin Daschkowa Präsidentin d. Akademie d. Wissenschaften.
— Akademie f. d. russische Sprache begründet.
— Annektion der Krim und des Kubangebietes. Potjomkin Fürst von Taurien. Sewastopol — Kriegshafen.
— Einführung der Leibeigenschaft in der Ukraine.
1785 Gnadenbrief für den Adel. Städteordnung.

1787 Krimreise.
1787—91 Zweiter Türkenkrieg.
1788—90 Krieg mit Schweden.
1790 Radischtschew nach Sibirien verbannt.
1791 (Mai) Verfassung in Polen.
— Potjomkin †.
1792 Nowikow verschwindet in der Peter-Pauls-Festung.
1793 Zweite Teilung Polens.
— Odessa gegründet.
1794 Polnischer Freiheitskampf unter Kosciuszko.
1795 Dritte Teilung Polens. Poniatowski dankt ab.
1796 Krieg mit Persien.
— (5. Nov.) Katharina II. †.